Collection Images & Gourmandis



# [RECETTES GOURMANDES]

## De l'Union des Boulangers

[PATISSERIE]

[TRAITEUR]

[Petits Fours]

[Viennoiserie]

# [PRÉFACE]

## CRÉATEURS ET CRÉATIFS

Cinq ans déjà que l'Union des Boulangers Artisans Créateurs (UBAC) a commis un premier recueil de recettes gourmandes, remarquablement préfacé par mon ami et collègue Marc Haeberlin.

Cette initiative réunissant, autour d'un même objet, une quarantaine de boulangers alsaciens différents et autant de recettes, a obtenu un franc succès et ce coup d'essai, qui fût aussi un coup de maître, ne pouvait rester sans lendemain.

De tous les métiers de la gastronomie, la boulangerie est sans doute celui qui a su faire montre de la plus grande cohésion professionnelle, se donnant ainsi les moyens d'adapter ses prestations aux nouveaux comportements et exigences de la clientèle, en diversifiant ses compétences dans un registre sucré-salé, toujours plus étendu.

Cette deuxième fournée de « recettes gourmandes » est une illustration supplémentaire de cette dynamique boulangère qui s'exprime à présent bien au-delà de la farandole de pains traditionnels, spéciaux ou nouveaux, que nos collègues boulangers élaborent tout au long de l'année et que nous croquons avec un plaisir toujours renouvelé.

Dans ce recueil, qu'il soit profane ou initié, le lecteur découvrira des recettes traditionnelles revisitées et des apprêts inédits qui s'inscrivent bien dans la raison sociale de l'UBAC, toute orientée vers la créativité.

Au fil des chapitres consacrés à la viennoiserie, aux desserts, au rayon traiteur et aux petits fours, j'ai retenu en particulier le « krabsknacka », une viennoiserie en forme d'écrevisse, les bouchées à la noix de coco, le feuilleté aux pruneaux, la tarte au chocolat, aux pêches blanches et aux framboises du jardin, la quiche à la truite fumée et au raifort, les petites brochettes boulangères, les speculoos et autres perticus, petits délices croquants qu'on peut savourer à pas d'heure, car la gourmandise s'affranchit du temps.

Au total, c'est une quarantaine de recettes que nous proposent nos amis de l'UBAC, clairement expliquées, sans omission aucune, et encore enrichies de précieuses indications regroupées dans un encadré « truc et astuce », cerise sur le gâteau, pour parachever le chef d'œuvre que le lecteur pourra confectionner.

Ayant moi-même l'honneur de présider un regroupement de professionnels qui compte non seulement des cuisiniers, mais aussi des artisans de la gastronomie, dont deux boulangers membres de l'UBAC et présents dans ce recueil, je souhaite exprimer mon admiration pour le travail accompli, à la fois dans la tradition et l'innovation.

C'est pourquoi, cher lecteur, quelle que soit votre « tendance », vous aurez comme moi un immense plaisir à feuilleter ce recueil et à le disposer en bonne place, quelque part dans votre cuisine pour un usage constant, car un ouvrage aussi séduisant et aussi gourmand ne saurait jaunir sur un rayon de bibliothèque et il serait dommage que les talentueux petits gars de l'UBAC se décarcassent pour rien.

Ils se veulent créateurs, ils sont créatifs, quoi de plus naturel en somme !

**FERNAND MISCHLER**

*PRÉSIDENT DES ETOILES D'ALSACE*

# [LE MOT DU PRÉSIDENT]

**CHERS AMIS,**

Fort et fier de son premier livre, L'Union des Boulangers Artisans Créateurs d'Alsace (U.B.A.C.) a décidé de réaliser un second livre de recettes. Cette réalisation répond également à de nombreuses sollicitations.

L'UBAC est une association qui a été créée en 1990 et qui regroupe des boulangers volontaires, ambitieux des deux départements alsaciens.

Le but de l'association est de se regrouper pour pouvoir progresser et assurer la promotion de la boulangerie artisanale.

Les boulangers sont reliés entre eux par une charte, dont l'objectif est :
- de garantir des produits de qualité "faits maison"
- de remettre des recettes anciennes au goût du jour,
- de créer de nouvelles recettes
- de respecter les règles d'hygiène en se soumettant à des contrôles bactériologiques volontaires
- de respecter et d'essayer de satisfaire le client en toutes circonstances
- d'être indépendant de tout réseau, être libre de choisir les fournisseurs et les matières premières.

Que ce livre vous permette de découvrir votre boulanger parmi les 35 auteurs et aussi de régaler votre famille et vos amis avec ces nouvelles recettes.

N'hésitez pas à demander conseil à votre boulanger en cas de souci avec une recette Votre boulanger UBAC se fera un plaisir de vous guider afin que votre réalisation soit réussie.

**BON APPÉTIT À TOUS ET À TOUTES !**

**LE PRÉSIDENT**

*JEAN CLAUDE ILTIS, M.O.F.*

# [SOMMAIRE]

## VIENNOISERIES



## DESSERTS

## Petits fours



## Traiteur

# [VIENNOISERIES]

# [Boulangerie Pâtisserie]
# Didier HUSSER

Installé depuis 1996 à Turckheim, village rendu célèbre par ses crus du Brand ainsi que par la ronde de son Veilleur de nuit, Didier HUSSER célébrera cette année sa 10ème année d'activités.
Il aura commencé par un apprentissage de deux ans en Boulangerie suivis par un autre en Pâtisserie pour finir par un Brevet de Maîtrise en Boulangerie.
Et, maintenant, pour le plus grand plaisir des clients du village ainsi que des touristes, il vous fera découvrir une large palette de pains, viennoiseries et pâtisseries dont l'Ecrevisse.

## Spécialités

Kougelhopf
Bredala
Salzstangala (longuets salés)

**[Boulangerie - Pâtisserie]**
**HUSSER**
*2, rue Wickram*
*68230 Turckheim*
*Tél. 03 89 27 04 99*

**OUVERTURES**
*Lundi de 6h30 à 12h30*
*Du mardi au vendredi de 6h30 à 12h30 et de 14h à 18h30*
*Samedi de 6h30 à 12h15 et de 14h à 16h30*
*En juillet et août, ouvert le dimanche matin de 7h à 12h*

# [L'ÉCREVISSE OU KRABSKUECHA]

### INGRÉDIENTS POUR UN MOULE ECREVISSE DE 600 G DE PÂTE

200 g de farine
30 g de sucre
1 pincée de sel
70 g d'œufs
50 g de lait
15 g de levure
100 g de beurre pasteurisé

60 g de raisins secs
20 g de gingembre confit
30 g de noisettes effilées grillées
30 g d'amandes effilées grillées
alcool de gingembre

### CONSEILS

Il est possible de parsemer le moule de noisettes effilées.
Cette recette convient très bien à un autre moule (Kougelhopf, Langhopf)

### RECETTE

**QUELQUES JOURS AVANT**
Couper le gingembre confit en dés.
Mélanger avec les raisins infusés dans l'alcool de gingembre.
Réserver dans un pot fermé hermétiquement.

**LE JOUR MÊME**
Faire un levain avec 50 g de lait, 50 g de farine (prélevée sur la recette) et la moitié de la levure.
Laisser reposer 60 minutes.
Mélanger le levain, la farine, le sucre, le sel, la levure et les œufs dans un batteur.
Pétrir les ingrédients pour obtenir une pâte pas trop ferme.
Dès que la pâte commence à être lisse, ajouter la moitié du beurre.
Travailler à nouveau la pâte et ajouter le reste du beurre.
Ajouter les raisins secs, le gingembre, les noisettes et les amandes effilées.
Laisser reposer à nouveau 60 minutes.
Mettre la pâte dans le moule préalablement beurré.
Laisser lever encore 60 minutes.
Cuire à 200/210 °C pendant 35 à 45 minutes.

# [Boulangerie Pâtisserie]
# Bernard BEYL

Originaire du Bas-Rhin, la famille BEYL s'est installée en 1966 à Ammerschwihr, berceau du Kaefferkopf, dans une boulangerie pleine d'attraits dans les vieux quartiers.
Bernard BEYL a succédé à son père avec succès, preuve en est le 1er prix des produits du terroir du meilleur Süweckle d'Alsace.
D'autres récompenses, notamment celle obtenue au salon Festiga et à Stuttgart, attestent d'un artisanat de qualité, respectant les grandes traditions Alsaciennes.

## Spécialités

Kougelhopf et Langhopf
Crémantaise
Kaefferkopf praliné au Marc de Gewurztraminer
Nids de guèpe (variété de petits fours)
Pavé d'Ammerschwihr

[Boulangerie - Pâtisserie]

**BEYL**

*16 Grand'Rue*
*68770 AMMERSCHWIHR*
*Tél. 09 89 78 23 72*
*Fax 03 89 78 12 92*

*35 rue du Général de Gaulle*
*68630 BENWIHR*
*Tél. 03 89 47 88 06*

*9 rue de la ère Armée*
*68240 SIGOLSHEIM*
*Tél. 03 89 78 26 38*


**Ouvertures**

*Du lundi au Mercredi et du vendredi au samedi de 6h30 à 12h30 et de 15h à 18h30*
*Jeudi de 6h30 à 12h30*

# [BEIGNETS AU FROMAGE BLANC]

## INGRÉDIENTS

**PÂTE**
500 g de farine
250 g de Beurre
50 g de vin blanc
20 g de Kirsch
60 g de lait
15 g de sel

**MASSE À FOURRER**
500 g de fromage blanc
200 g de sucre
250 g d'amandes en poudre
3 jaunes d'œufs
2 zestes de citron

huile de friture
sucre semoule

## RECETTE

**LA VEILLE**
Mélanger finement la farine et le beurre pour obtenir une texture sablée.
Faire une pâte homogène en ajoutant le vin blanc, le Kirsch, le lait et le sel.
Laisser reposer 24 heures au frais.

**LE JOUR MÊME**
Etaler une abaisse de pâte de 1 mm d'épaisseur.
Découper des disques avec un emporte-pièce.
Mettre un peu de masse à fourrer au milieu.
Plier comme pour la réalisation des chaussons aux pommes.
Cuire dans la friture à environ 180°C.
Rouler dans du sucre semoule.

# [Boulangerie Pâtisserie] Richard DORFFER (MOF)

Installés à Bischwiller depuis 1968, au centre de la Ville, à 20 Km au Nord de Strasbourg, ces artisans maîtres Boulangers-Pâtissiers allient professionnalisme et talent.
Père et fils «Meilleurs Ouvriers de France», événement unique en France, régalent leurs clients avec un succès jamais démenti.

## Spécialités

Kougelhopf Médaille d'Or – Baguette d'Or
Crémantaise
Pain à la bière
Pain certifié Alsépi

**[Boulangerie - Pâtisserie]**

**DORFFER (MOF)**

*7 rue Raymond Poincaré*
*67240 BISCHWILLER*
*Tél. et fax 03 88 63 24 45*


**Ouvertures**

*Du mardi au samedi de 6h à 19 h*
*Dimanche de 7h30 à 14h (baguettes fraîches)*

# [BRIOCHE AUX POMMES]

## INGRÉDIENTS POUR UN MOULE DE 20 À 25 CM DE DIAMÈTRE

**PÂTE À BRIOCHE**
250 g de farine
25 g de sucre semoule
3 œufs entiers
5 g de sel fin
10 g de levure fraîche

100 de beurre frais

**MASSE AUX POMMES**
120 g d'eau
15 g de poudre à crème pâtissière ou fécule
70 g de compote de pommes
Un peu de vanille liquide
Un peu de jus de citron

## CONSEILS

Saupoudrer avec un peu de sucre mélangé à de la cannelle avant de mettre au four

## RECETTE

**PÂTE À BRIOCHE**
Mélanger la farine, le sucre, le sel, la levure et les œufs dans un batteur.
Pétrir les ingrédients pour obtenir une pâte pas trop ferme.
Dès que la pâte commence à être lisse, ajouter la moitié du beurre.
Travailler à nouveau la pâte et ajouter le reste du beurre.
Laisser lever une première fois.

**MASSE AUX POMMES**
Porter tous les ingrédients à ébullition.
Ajouter les pommes coupées en dés et réserver.

**RÉALISATION**
Lorsque la pâte a doublé de volume, former une boule et après quelques minutes de repos, l'étaler dans un moule de 20 à 25 cm de diamètre.
Laisser lever à nouveau (1/3 de volume en plus)
Etaler la masse aux pommes sur le dessus en laissant une bordure de 5 mm.
Cuire à 170/180°C pendant 25 minutes environ.

# [Boulangerie Pâtisserie]
# Dany VOGEL

Ribeauville, ville médiévale située sur la Route des Vins a accueilli la famille VOGEL en 1973. Dany VOGEL a pris les commandes de l'entreprise familiale en 1988 ; il continue à y proposer le meilleur de la tradition boulangère.
Conscient de l'importance d'une boulangerie dans nos villages, il propose ses services aux communes de Zellenberg et Beblenheim.

## Spécialités

Kougelhopf / Ecrevisses
Brie au Kirsch / Grand four
Pains spéciaux
Chocolats maison
Glaces maison

[Boulangerie - Pâtisserie]

## VOGEL

*15 Grand'rue – 68150 RIBEAUVILLE*
*Tél./fax 03 89 73 66 63*


**Ouvertures**
*Du mardi au vendredi de 6h30 à 12h30 et de 15h à 19h*
*Samedi de 6h30 à 12h30 et de 14h à 17h*


## Les Pains du marché

*66 Grand'rue – 68150 RIBEAUVILLE*
*Tél. 03 89 73 61 97*


**Ouvertures**
*Lundi, mardi, mercredi, vendredi*
*de 6h à 12h15 et de 15h à 18h30*
*Jeudi et samedi de 6h à 12h15*

*1 rue de Hoen – 68980 BEBLENHEIM*
*Tél. 03 89 47 89 69*
*Du mardi au samedi de 6h45 à 12h15*

# [STOLLA AU FROMAGE BLANC]

## Ingrédients

250 g de fromage blanc (fromage fermier frais du jour)
150 g de beurre ramolli
150 g de sucre
1 sachet de sucre vanillé
1 cuillérée à café de sel
1 zeste de citron
1 cuillérée à café de cannelle
1 œuf
350 g de farine
100 g de maïzena
4 cuillérées à café de poudre à lever
100 g d'amandes broyées
200 g de raisins secs / oranges confites
2 cuillères à soupe de rhum

## Recette

Mélanger le fromage, le beurre, le sucre, le sucre vanillé, le sel, le zeste, la cannelle, l'œuf, la farine, la Maïzena et la poudre à lever.
Une fois le tout bien malaxé, ajouter les amandes et le rhum.
Ajouter les fruits secs et mélanger.
Sur une table bien farinée, étaler au rouleau et rabattre pour former le Stolla.
Mettre au four, sur un papier cuisson, à 175°C pendant 50 à 60 minutes.
Faire fondre du beurre et, à la sortie du four, enduire le Stolla encore chaud et le saupoudrer de sucre glace.

# [Boulangerie Pâtisserie] Jean-Pierre BECHLER

Jean-Pierre BECHLER suit les traces de son père Armand, créateur de l'entreprise en 1946, en obtenant ses deux Brevets de Maîtrise (Pâtisserie en 1970 et Boulangerie en 1972).
Il reprend l'affaire familiale en 1985 mais parallèlement à son parcours professionnel, il enseigne pendant 5 ans au CFA, et participe activement aux divers jurys des commissions d'examens.
Il est l'un des membres fondateurs de l'UBAC en 1990 ainsi que l'un des membres créateurs des Etoilés d'Alsace.
Il a participé à différentes manifestations comme les jeux Olympiques de Val d'Isère, L'exposition Universelle de Séville, l'organisation de la Promotion Alsace au Japon.
Président de la Chambre des Métiers depuis 2000.

## Spécialités

Brie au kirsch

**[Boulangerie - Pâtisserie]**

**BECHLER**

*4 rue Charles Marie Widor*
*68000 COLMAR*
*Tél. 09 89 41 07 34*
*Fax 03 89 23 03 58*

*6 rue du Nord*
*68000 COLMAR*
*Tél. 03 89 41 81 84*


**Ouvertures**

*De 6h30 à 12h30 et de 13h30 à 18h30*

# [NID D'ABEILLE]

## INGRÉDIENTS POUR 6 À 8 PERSONNES

**PÂTE À BRIOCHE**
230 g de farine
4 g de sel
25 g de sucre
100 g de lait
15 g de levure
1 jaune d'œuf
25g de beurre
1 pointe de couteau de cannelle
zeste de citron râpé

**MASSE À NID D'ABEILLES**
40 g de beurre
30 g de miel
20 g de sucre
10 g de glucose
Zeste de citron râpé
60 g d'amandes blanches effilées

300 g de crème pâtissière
150 g de crème fouettée
25 g de Kirsch

## RECETTE

**PÂTE À BRIOCHE**
Mélanger la farine, le sucre, le sel, la levure, le lait et le jaune d'œuf dans un batteur.
Pétrir tous les ingrédients pour obtenir une pâte pas trop ferme.
Dès que la pâte commence à être lisse, ajouter le beurre.
Travailler à nouveau la pâte pour la rendre lisse et ajouter le zeste de citron et la cannelle.
Laisser lever une première fois et réserver au froid pendant 60 minutes environ.
Façonner la pâte en boule puis l'étaler en rond.
Poser dans le cercle préalablement beurré et bien piquer avec une fourchette.
Dès que la pâte a doublé de volume, laisser reposer au froid pendant 15 à 20 min.
Etendre ensuite une couche pas trop épaisse mais régulière de masse à nid d'abeilles tiède.
Cuire à 180°C pendant 25 à 35 min environ.

**MASSE NID D'ABEILLES**
Mettre tous les ingrédients dans une casserole à l'exception des amandes.
Cuire jusqu'à obtenir un couleur de caramel blond.
Sortir du feu et ajouter les amandes aux ingrédients cuits

**RÉALISATION**
Après refroidissement, couper le nid d'abeilles en deux horizontalement.
Mélanger la crème pâtissière avec le Kirsch et incorporer délicatement la crème fouettée.
Garnir le fond avec la crème et recouvrir avec le couvercle.
Réserver au froid avant de servir.

# [Boulangerie Pâtisserie]
# Claude KRAETZ

Claude KRAETZ est installé à deux pas du centre historique de Colmar dans une jolie maison à colombage de plus de 500 ans, au bas de la rue des Clefs.
Après obtention de ses diplômes en Boulangerie et en Pâtisserie dans les années 80, il travaille d'abord comme salarié à Ribeauvillé puis à Colmar dans l'affaire familiale, créée 1871.
Il prend les commandes de la maison en 1990.
Son parcours est jalonné de médailles : Médaille d'Or à Festiga 1998 pour une pièce artistique, Kougelhopf d'Or en 2000 et 2001, Baguette d'argent en 2000.
La maison est récompensée par le 1er prix de la meilleure brioche en forme de Bretzel d'Alsace (honneur revenant à son ouvrier) en 2004.

## Spécialités

Kougelhopf sucrés ou salés au lard
Tartelettes aux groseilles, Strudel alsacien
Toasts, pains surprise
Crocodile

### [Boulangerie - Pâtisserie]
## KRAETZ
*6 place Jeanne d'Arc*
*68000 COLMAR*
*Tél. et fax 09 89 41 06 25*

### Ouvertures
*Lundi de 7h30 à 19h15*
*Du mardi au vendredi de 6h à 19h15*
*Samedi de 6h à 19h*
*Fermé dimanche et jours fériés*

# [JALOUSIE AUX POMMES]

## INGRÉDIENTS

**PÂTE FEUILLETÉE**
700 g de farine
12 g de sel
60 g de beurre
380 g d'eau

---

500 g de beurre

**MASSE AUX POMMES**
1 kg de compote de pommes
100 g de semoule
3 œufs
100 g de noisettes concassées
150 g de raisins secs macérés dans du rhum
2 pommes épluchées et coupées en dés
1 cuillérée à café de cannelle

3 pommes
1 œuf pour la dorure

## CONSEILS

Ce dessert peut être servi avec de la crème anglaise, de la Chantilly ou accompagné d'une boule de glace.

## RECETTE

**LA PÂTE FEUILLETÉE**
Mélanger la farine, le sel, les 60 g de beurre et l'eau jusqu'à obtention d'une pâte lisse et bien ferme.
Etaler la pâte en rectangle et poser les 500g de beurre dessus puis donner un tour simple.
(le beurre est étalé à 2/3 de la pâte ; le tour simple est l'action de rabattre le tiers de la pâte supérieure sur la moitié du beurre puis de rabattre la partie du bas vers le haut. Il y a donc 3 couches de pâte et 2 couches de beurre).
Renouveler l'opération du tour simple et laisser poser 20 minutes au frais.
Effectuer à nouveau 2 tours simples et laisser reposer encore 20 minutes au frais.
Refaire un dernier tour simple avant utilisation.

**LA MASSE AUX POMMES**
Mélanger tous les ingrédients de la masse et réserver.

**RÉALISATION**
Etaler le feuilletage et couper 2 rectangles.
Mettre le premier rectangle sur une plaque préalablement graissée.
Badigeonner le contour du rectangle avec de la dorure.
Etaler la masse aux pommes sur le rectangle.
Eplucher 3 pommes, les couper en quartier et les poser sur la masse.
Prendre le deuxième rectangle, le plier dans sa longueur et couper en son centre des lamelles tout en laissant les bords intacts.
Déplier le rectangle et le poser délicatement sur le premier contenant la masse.
Souder les bords, badigeonner avec l'œuf et laisser reposer 20 à 30 min.
Cuire à 220/230°C pendant 25 à 35 min.
Après refroidissement, couper en tranches.

# [DESSERTS]

# [Boulangerie Pâtisserie] Gilles SCHOENAHL

Entré en apprentissage, à l'âge de 16 ans, avec un CAP en poche, Gilles SCHOENAHL n'a jamais cessé de se perfectionner en suivant de nombreux stages tant nationaux qu'internationaux auprès de personnes reconnues pour leurs compétences professionnelles.
En 1985, Il passe son brevet de maîtrise avec en prime un prix d'excellence et les félicitations du jury.
Deux ans plus tard, avec son épouse Michèle, il s'installe à Haguenau.
Il est membre de l'Ubac dès la première heure car il pense qu'entre collègues il y a toujours quelque chose à transmettre et à partager.
Depuis 20 ans, il a formé une quarantaine d'apprentis.

## Spécialités

Pain à l'ancienne
Terrine du boulanger
Crémantaises

## [Boulangerie - Pâtisserie] SCHOENAHL

*156 Grand'rue*
*67500 HAGUENAU*
*Tél. 03 88 73 20 39*
*fax 03 88 73 36 32*


## Ouvertures

*Du lundi au samedi de 6h45 à 12h30 et de 14h45 à 19h*

# [BOUCHÉES À LA NOIX DE COCO]

## INGRÉDIENTS

**PÂTE SABLÉE**
500 g de farine
300 g de beurre
150 g de sucre
1 œuf

**MASSE À LA NOIX DE COCO**
150 g de noix de coco
150 g de sucre
150 g de beurre
3 œufs

Confiture de framboises

## CONSEILS

Pour vous faciltier la tâche, cherchez la pâte sablée chez votre boulanger UBAC.

## RECETTE

**PÂTE SABLÉE**
Mélanger finement la farine et le beurre.
Incorporer le reste des ingrédients et mélanger le tout pour obtenir une pâte
Réserver au frais.

**MASSE NOIX DE COCO**
Mélanger la noix de coco, le sucre et les œufs à l'aide d'une spatule.
Incorporer le beurre.

**RÉALISATION**
Etaler la pâte à 4mm d'épaisseur sur une plaque, faire un petit bord avec la pâte et piquer le fond avec une fourchette.
Recouvrir d'une fine couche de confiture de framboises.
Etaler par-dessus la masse noix de coco
Cuire à chaleur douce 180 °C Th 6 pendant 25 à 35 min.
Couper en petits rectangles de 4cm sur 3cm.

# [Boulangerie Pâtisserie]
# Daniel HOELTZEL

Daniel HOELTZEL a repris l'entreprise familiale en 2005 à l'issue de sa formation.
Après obtention de ses CAP en Boulangerie et Pâtisserie et divers stages «Desserts restaurant» chez Lenôtre à Paris, 2 saisons en Suisse, il obtient son Brevet de maîtrise et parfait ses connaissances à l' INBP de Rouen et l'ENBP d'Aurillac.
Tout en nous régalant de ses pains et des ses pâtisseries, il est consultant en Allemagne pour un fabriquant de fours de boulangerie.

## Spécialités

Pains spéciaux à base de farine issue de l'agriculture biologique
Pains au levain (blé et épeautre sur farine bio)
Bretzels et mauricettes
Bredele de Noël

**[Boulangerie - Pâtisserie]**

**HOELTZEL sàrl**

*35 rue des Barons de Fleckenstein*
*67250 SOULTZ-SOUS-FORETS*
*Tél. et fax 03 88 80 40 54*


**Ouvertures**

*Du lundi au jeudi de 5h30 à 13h et de 14h à 19h*
*Vendredi de 5h30 à 19h*
*Samedi de 5h30 à 17h*
*Fermé le mercredi après-midi et le dimanche*

# [DÔME À LA MOUSSE AU CHOCOLAT]

## INGRÉDIENTS POUR 8 PERSONNES

**BISCUIT ROULADE**
4 œufs
1 jaune d'œuf
200 g de sucre
100 g de farine
50 g de fleur de maïs
sachet de levure
Confiture d'abricots

**MOUSSE AU CHOCOLAT**
300 g de chocolat noir de couverture
2 œufs
150 g de sucre
50 cl de crème
3 feuilles de gélatine
5 cl d'alcool (Cointreau, framboise ou autre)

## RECETTE

**BISCUIT ROULADE**
Battre au fouet les œufs, le jaune et le sucre au bain-marie.
A 35-40°C, ôter du feu et battre jusqu'à refroidissement.
Incorporer à la spatule le mélange tamisé de farine, fleur de maïs et levure chimique.
Etaler la moitié de la masse sur une plaque recouverte de papier cuisson.
Sur une autre plaque étaler le reste de la masse en forme de disques, l'un de 18 cm de diamètre, l'autre de 24 cm ; le tout sur 1 cm d'épaisseur.
Cuire à 240°C, attention, la cuisson est très rapide !
Lorsque la roulade carrée est refroidie, la détacher du papier.
Etaler la confiture d'abricots et rouler le biscuit. L'emballer dans du papier et le faire durcir au congélateur.

**MOUSSE AU CHOCOLAT**
Mettre à tremper la gélatine dans l'eau froide.
Faire fondre le chocolat au bain-marie.
Dans un autre bain-marie, battre les oeufs avec le sucre.
Sur feu doux, faire fondre la gélatine ramollie, la verser sur la masse à œuf tiède hors du bain-marie.
Battre la crème non sucrée en chantilly pas trop ferme.
Mélanger au fouet la masse à œufs, le chocolat fondu, l'alcool et pour finir la crème fouettée.

**RÉALISATION**
Le montage se fait dans un saladier de 24 cm de diamètre.
Couper le biscuit roulé en tranches de 1 cm d'épaisseur, en tapisser le saladier en commençant par le fond (les tranches doivent se chevaucher pour éviter les trous).
Verser la mousse au chocolat jusqu'au 2/3 de la hauteur, couvrir du disque de biscuit de 18 cm, puis verser le reste de mousse au ras du moule, couvrir du deuxième disque et mettre au congélateur pendant 4 heures minimum.
Après prise de l'entremet, le démouler, et le badigeonner de confiture d'abricots chaude.

# [Boulangerie Pâtisserie] Jacky MORITZ

Boulanger de père en fils depuis 1925, Jacky MORITZ reprend l'affaire familiale en 1997 afin de perpétuer la tradition.
C'est l'aboutissement d'une formation des plus complètes (CAP de Pâtissier en 1982, CAP de Boulanger en 1986, Maître Pâtissier en 1989) émaillée de nombreux stages dans diverses régions de France.
Il obtient le Kougelhopf d'Or en 1996.

## Spécialités

Kougelhopf d'Or 1996
Pain aux noix et roquefort
Entremet «Pavé Alsacien»
Produits Traiteur maison

[Boulangerie - Pâtisserie]

**MORITZ**

*4 rue du Maire Spiess*
*67110 GUNDERSHOFFEN*
*Tél. 03 88 72 91 55*
*Fax 03 88 72 82 91*

**Ouvertures**

*Lundi et mercredi de 5h30 à 12h30*
*Mardi/jeudi/vendredi de 5h30 à 12h30 et de 13h30 à 18h30*
*Samedi de 5h30 à 16h en continu*

# [FEUILLETÉ AUX PRUNEAUX]

## INGRÉDIENTS POUR UNE TARTE DE 28 CM DE DIAMÈTRE

**CONFITURE DE PRUNEAUX**
250 g de pruneaux dénoyautés
125 g d'eau

60 g de sucre
1 œuf
25 g de kirsch

**FEUILLETAGE**
250 g de farine
5 g de sel
5 g de sucre
125 g d'eau
200 g de beurre

**CONSEILS**
On peut déguster le feuilleté à tout moment. Avant de le servir, on peut le repasser au four quelques instants et le servir tiède.

## RECETTE

**LA VEILLE**

**LA PÂTE FEUILLETÉE**
Mélanger la farine, le sel, les 25 g de beurre et l'eau jusqu'à obtention d'une pâte lisse et bien ferme.
Façonner la pâte en boule et l'envelopper dans un film alimentaire. Réserver au frais 1 heure.
Etaler la pâte en rectangle et poser le beurre dessus puis donner un tour simple.
Renouveler l'opération du tour simple et laisser reposer 20 minutes au frais.
Effectuer à nouveau 2 tours simples et laisser reposer encore 20 minutes au frais.

**LA CONFITURE**
Dans une casserole, faire bouillir les pruneaux, le sucre et l'eau 15 à 20 minutes.
Hors du feu ajouter l'œuf et le kirsch et mélanger immédiatement.

**LE JOUR MÊME**

Redonner un dernier tour simple au feuilletage puis étaler la pâte sur 2 mm d'épaisseur afin d'y découper 1 disque de 28 cm de diamètre.
Garnir le fond de pâte feuilletée avec la confiture.
Garnir de lamelles de pâte selon le décor souhaité.
**CUISSON**
220-230°C pendant 20 minutes.
A la sortie du four, on peut glacer les lamelles de pâte au fondant légèrement kirsché.

# [Boulangerie Pâtisserie] Olivier HANSS

C'est dans le quartier historique de la Petite France, en face de la caserne de pompiers, que la Maison HANSS fabrique son pain depuis maintenant 5 générations.
Après un baccalauréat de Comptabilité – Gestion en 1996, Olivier prépare un CAP de Pâtisserie à l'INBP de Rouen et y retourne en 2002 pour parfaire son expérience en effectuant son Brevet de Maîtrise.
Depuis, il élabore de nombreuses recettes au sein de l'entreprise familiale.

## Spécialités

Kougelhopf Médaille d'Or
Pâté en croûte
Galette des Rois Médaille d'Or
Pains spéciaux

## [Boulangerie - Pâtisserie] HANSS

*24 rue Saint-Marc*
*67000 STRASBOURG*
*Tél. et Fax 03 88 36 12 44*

**Ouvertures**

*Du lundi au vendredi de 6h à 19h*
*Samedi de 6h à 13h30*

# [GALETTE AUX POIRES ET AU CHOCOLAT]

## INGRÉDIENTS POUR 6 PERSONNES

**PÂTE FEUILLETÉE**
600 g de pâte feuilletée

**FRANGIPANE**
100 g de beurre
100 g de sucre
50 g d'œuf
100 g de poudre d'amandes
30 g de farine
10 g de rhum

**GARNITURE**
2 poires
100 g de pépites de chocolat

## RECETTE

**LA FRANGIPANE**
Mélanger au batteur à l'aide d'une feuille le beurre puis incorporer le sucre jusqu'à l'obtention d'un mélange homogène.
Ajouter ensuite les œufs, la poudre d'amandes, la farine puis le rhum.

**RÉALISATION**
Disposer un disque de pâte feuilletée sur une plaque de four. Dorer à l'aide d'un pinceau et d'un oeuf le pourtour de ce disque.
Etaler la frangipane sur le centre du disque en restant à 2 cm du bord.
Poser les poires préalablement coupées en lamelles puis les pépites de chocolat.
Poser le deuxième disque sur le dessus.
Dorer la pâte et mettre au frais pendant 30 minutes.
Dorer une deuxième fois (cela sera plus brillant) et dessiner un motif selon votre imagination à l'aide de la pointe d'un couteau sur la galette.
Cuire 30 minutes à 220°C dans un four préchauffé.

## CONSEILS

Pour déguster votre Galette, servez-la tiède accompagnée de café ou d'un verre de vin blanc.

# [Boulangerie Pâtisserie]
# Eric WEINZORN

Après sa formation de pâtissier à la Pâtisserie Ste Geneviève de Mulhouse puis à la Pâtisserie Muller à Rixheim, Eric WEINZORN complète sa formation en boulangerie chez Claude à Mulhouse, chez Utzinger à Habsheim, puis chez Jacquemin à Sausheim.
Il nous régale désormais à Hésingue.

## Spécialités

Kougelhopf
Viennoiseries
Pains spéciaux

[Boulangerie - Pâtisserie]

**WEINZORN**
*9 rue Général de Gaulle*
*68220 HESINGUE*
*Tél. et Fax 03 89 67 12 92*


**Ouvertures**
*Du lundi au vendredi*
*de 4h30 à 12h30 et de 14h30 à 18h30*
*Samedi de 4h30 à 14h*

# HOLLANDAIS AUX GRIOTTES

### INGRÉDIENTS POUR UNE TARTE POUR 6 À 8 PERSONNES

300 à 400 g de Griottes

**CRÈME D'AMANDES**
100 g de sucre semoule
100 g de beurre
100 g de poudre d'amandes
2 œufs moyens
Rhum

**PÂTE SUCRÉE**
100 g de sucre semoule
100 g de beurre en pommade
1 œuf
200 g de farine

### RECETTE

**LA CRÈME D'AMANDES**
Mélanger le sucre et le beurre en pommade ;
Incorporer les œufs un à un.
Ajouter la poudre d'amandes et le rhum.

**LA PÂTE SUCRÉE**
Mélanger le beurre et le sucre.
Ajouter l'œuf puis la farine pour obtenir une pâte homogène.
Réserver au froid.

**RÉALISATION**
Etaler la pâte et foncer un moule à tarte.
Garnir le fond de tarte de frangipane jusqu'à mi-hauteur.
Ajouter les griottes.
Cuire au four à 180°C pendant 20 à 25 minutes

# [Boulangerie Pâtisserie] Marc UTZINGER

Située au cœur de Pfastatt depuis 1958, la boulangerie – pâtisserie familiale UTZINGER vous propose un pain pétri et cuit dans son fournil.
Une fois par an, le 3° mercredi de septembre, à l'occasion de la Fête de la Saint-Maurice, patron du village, une tradition d'antan a été reprise «la Zwatsgawajafascht»: c'est la dégustation de la Tarte aux Quetsches mais cuite dans le four du boulanger. Ce jour-là, se préparent et se servent des milliers de tartes.

## Spécialités

Petits fours maison
Pains d'épices
Pains spéciaux
Le choco meringuettes

[Boulangerie - Pâtisserie]
**UTZINGER**
*30 rue de Richwiller*
*68120 PFASTATT*
*Tél. 03 89 52 18 30*

**Ouvertures**
*Lundi de 6h30 à 12h30*
*Du mardi au vendredi de 6h à 12h30 et de 14h30 à 19h*
*Samedi de 6h30 à 17h*
*Dimanche de 9h à 12h30*

# TARTE AUX QUETSCHES

## Ingrédients pour 8 personnes

**PÂTE BRISÉE**
250 g de farine
50 g de sucre
4 g de sel
100 g de beurre
80 g de lait

**GARNITURE**
1 kg de quetsches
50 g de sucre
1 pointe de cannelle

**FLAN**
2 œufs
100 g de sucre
100 g de lait
50 g de crème fraîche

## Conseils

La tarte aux Quetsches se marie bien avec un verre de Gewurztraminer. Choisir de préférence des quetsches de la variété « Dorner Zwatsga».

## Recette

**LA PÂTE BRISÉE**
Préparer la pâte brisée en mélangeant la farine et le beurre.
Ajouter le sel, le sucre et le lait.
Mélanger le tout afin d'obtenir une pâte ferme.
Recouvrir d'un film plastique et laisser reposer au frais

**POUR LA GARNITURE**
Dénoyauter les quetsches.
Mélanger le sucre et la cannelle

**LE FLAN**
Mélanger les ingrédients à l'aide d'un fouet.

**RÉALISATION**

Etaler la pâte, tapisser un moule à tarte de 30 cm de diamètre préalablement beurré.
Poser les quetsches dans le fond.
Verser le flan sur la tarte.
Cuire à 200°C (th. 6/7) pendant 1 heure.
Saupoudrer de sucre cannelle à la sortie du four.

# [LE RAGUENAU]
# Christian WALTHER

Après sept années de nomadisme parmi les Compagnons du Devoir du Tour de France, Christian WALTHER décide de regagner son Alsace natale et de s'y installer.
Son rêve devient réalité le 1er avril 1993 quand il ouvre «LE RAGUENAU», petit clin d'œil au célèbre pâtissier du 17ème siècle.
Il travaille d'arrache-pied, passant de la boulangerie à la pâtisserie et de la glacerie à la chocolaterie.
Parallèlement, il transmet aussi son savoir-faire au CFA de Haguenau en tant qu'intervenant extérieur auprès des jeunes apprentis boulangers – pâtissiers.

## SPÉCIALITÉS

Côté salé : Buffet apéritif, Baguette farcie
Côté sucré : Buffet dessert, Entremets glacé
Côté douceur : Bonbons chocolat, Montage au chocolat

[Boulangerie - Pâtisserie]

## LE RAGUENAU

*3 rue de l'Ivraie*
*67500 HAGUENAU*
*Tél. 03 88 73 17 97*

**Ouvertures**

*Mardi, mercredi, vendredi de 6h à 12h15 et de 15h à 18h*
*Jeudi et samedi de 6h à 12h15*
*Dimanche de 8h à 12h*

# [LE CARAÏBE]

## Ingrédients pour un entremet de 22 cm de diamètre

1 fond de génoise de 21 cm de diamètre sur une épaisseur de 2 cm
200 g de fruits rouges : cassis, framboises, groseilles, myrtilles
50 g de sirop

**BISCUITS CUILLÈRE**
180 g de blancs d'oeufs
150 g de sucre
100 g de jaunes d'œufs
150 g de farine

**BAVAROISE VANILLE**
200 g de lait
50 g de sucre
1 gousse de vanille
80 g de jaunes d'œufs
5 feuilles de gélatine
300 de crème fraîche montée

**MERINGUE SUISSE**
100 g de blancs d'œufs
200 g de sucre

## Recette

**LA VEILLE**

**BISCUIT CUILLÈRE**
Monter les blancs en neige puis incorporer le sucre, les jaunes d'œufs et terminer par la farine.
Dresser à l'aide d'une poche sur du papier sulfurisé.
Cuire à 150°C pendant 8 minutes.

**BAVAROISE VANILLE**
Faire infuser la gousse de vanille dans le lait avec 25 g de sucre.
Fouetter les jaunes d'œufs avec le reste de sucre.
Cuire la crème à l'Anglaise et la laisser refroidir.
Mettre à tremper la gélatine, la faire fondre dans une casserole puis l'incorporer à la crème refroidie.
Terminer en mélangeant la crème fraîche montée.

**MONTAGE DE L'ENTREMET**
Détailler votre génoise en deux disques.
Poser un disque de génoise au fond du cercle de 22 cm de diamètre et l'imbiber d'un peu de sirop.
Tapisser l'intérieur avec le biscuit cuillère.
Verser les 2/3 de la masse bavaroise vanille dans le cercle et parsemer l'entremet du mélange de fruits rouges.
Couvrir du second disque de génoise ; vider le reste de la bavaroise dans le cercle et égaliser.
Laisser reposer au réfrigérateur durant 12 heures.

**LE JOUR MÊME**
Placer une cuve au bain-marie, lorsque les blancs et le sucre atteignent 45°C, les retirer et battre au fouet jusqu'à l'obtention d'une belle meringue.
Dresser la meringue à l'aide d'une poche et décorer avec des fruits frais.

# [Boulangerie Pâtisserie]
# Paul WEISS

La boulangerie - pâtisserie Paul WEISS, fondée en 1838 à Niederroedern, doit sa longévité à la passion familiale du pain et des bonnes choses. Elle a vu se succéder six générations d'artisans boulanger amoureux de leur métier et désireux de satisfaire leurs fidèles clients.

Christine WEISS ne déroge pas à la vocation familiale. Elle rejoint l'entreprise en 2005 au terme de sa formation en pâtisserie. Fidèle à ses aînés, elle perpétue la tradition afin de ne laisser aucun gourmand indifférent; elle y apporte sa touche personnelle et féminine ainsi qu'un dynamisme nouveau.

## Spécialités

Tourte de meule
Vendôme
Vacherin glacé

## [Boulangerie - Pâtisserie]
## WEISS

*5 rue de la Haute-Vienne*
*67470 NIEDERROEDERN*
*Tél. 03 88 86 50 94*
*Fax 03 88 86 13 91*

### Ouvertures

*Du lundi au vendredi de 4h30 à 12h15*
*et de 14h à 18h30*
*Le samedi de 4h30 à 14h*
*Fermé mercredi après-midi*

*34 rue principale*
*67470 SELTZ*
*Tél. 03 88 86 86 56*

### Ouvertures

*Du lundi au samedi de 4h30 à 12h15*

# [GÂTEAU FORÊT-NOIRE]

## INGRÉDIENTS POUR UN MOULE DE 22 CM DE DIAMÈTRE

**GÉNOISE CHOCOLAT**
250 g d'œufs
1 filet de jus de citron
150 g de sucre semoule
130 g de farine tamisée avec 20 g de cacao en poudre

**CHANTILLY**
750 g de crème liquide
75g se sucre

**SIROP POUR IMBIBER**
60 g d'eau
40 g de sucre
100 g de Kirsch

150 g de cerises macérées au Kirsch
Copeaux de chocolat

## RECETTE

**LA GÉNOISE CHOCOLAT**
Commencer à monter au fouet le mélange œufs, sucre, jus de citron sur feux doux jusqu'à 50°C maximum.
Retirer du feu et continuer à battre rapidement (à la main ou au batteur) jusqu'à complet refroidissement.
A ce moment, le mélange qui a un peu épaissi doit être très léger et mousseux.
A l'aide d'une spatule, incorporer délicatement la farine et le cacao en veillant à ne pas faire retomber la pâte.
Verser aussitôt la pâte obtenue dans un moule beurré et fariné et cuire au four à 180/200°C pendant 30 à 45 minutes.
Démouler aussitôt après cuisson.

**RÉALISATION**
Fouetter la crème liquide et le sucre jusqu'à obtention d'une Chantilly ferme.

Faire bouillir l'eau et le sucre. Après complet refroidissement, incorporer le Kirsch.

Découper la génoise en trois tranches égales.
Imbiber la première tranche de sirop puis étaler une épaisseur de Chantilly.
Répartir uniformément les cerises égouttées et recouvrir d'une tranche de génoise.
Renouveler ces opérations sur la seconde tranche et finir en déposant la dernière tranche.
Recouvrir entièrement le gâteau de crème Chantilly et décorer de copeaux de chocolat.

# [Boulangerie Pâtisserie] Jean-Claude KIENTZ

C'est la neuvième génération d'artisans boulangers-pâtissiers (création de l'entreprise en 1713) qui régale encore les habitants d'Holtzheim, petit village proche de l'Aéroport de Strasbourg-Entzheim.
La devise de la maison pourrait être : tradition, expérience et savoir-faire.

## Spécialités

Tarte Forêt Noire
Pain au levain

[Boulangerie - Pâtisserie]
**KIENTZ**
*2 rue de l'Eglise*
*67810 HOLTZHEIM*
*Tél. 03 88 78 30 50*
*Fax 03 88 78 71 54*

**Ouvertures**
*Du lundi au mardi et du jeudi au vendredi*
*de 6h à 12h30 et de 15h à 19h*
*Mercredi de 6h à 12h30*
*Samedi de 6h à 13h*

# [MARC DE GEWURZTRAMINER]

## INGRÉDIENTS POUR 8 PERSONNES

1 biscuit pour 8 personnes
sirop et marc de gewurztraminer

**LA CRÈME AU MARC DE GEWURZTRAMINER**
3 feuilles de gélatine
300 g de crème pâtissière
450 g de crème fouettée
100 g de raisins Sultanines macérées dans du marc de gewurztraminer
50 g de marc de gewurztraminer

100 g de crème au beurre
300 g de pâte d'amandes jaune
100 g de pâte d'amandes verte
1 grappe de raisins frais

### CONSEILS
Bien imbiber le biscuit avec le Marc de Gewurztraminer : un gâteau idéal en automne

## RECETTE

Utiliser votre recette de biscuit traditionnelle ou le commander chez votre boulanger.
Couper le biscuit en deux et imbiber chaque disque de biscuit de marc de gewurztraminer

**LA CRÈME AU MARC DE GEWURZTRAMINER**
Ramollir la gélatine dans de l'eau froide.
L'égoutter et la faire fondre en chauffant dans un cul de poule.
Ajouter la crème pâtissière, le marc de gewurztraminer, la crème fouettée et les Sultanines.

**RÉALISATION**
Fourrer le biscuit avec la crème.
Recouvrir le tout avec la crème au beurre.
Réserver au froid.
Etaler la pâte d'amandes jaunes.
Recouvrir ensuite la crème au beurre de pâte d'amandes jaune et faire une frise avec la pâte d'amandes verte.
Décorer avec le raisin.

# [Boulangerie Pâtisserie MARX] Franck ROESCH

Au cœur du vignoble alsacien, dans l'un des plus beaux villages de France, se situe la Boulangerie – Pâtisserie MARX.
Reprise par la nouvelle génération en 2006, elle perpétue la tradition familiale et la fabrication artisanale de produits du terroir de qualité.
A l'ombre du château Saint Léon IX, une terrasse invite les promeneurs à la dégustation des pâtisseries et des glaces.

## Spécialités

Bretzels, mauricettes et minis
Kougelhopf, Gâteau St-Léon IX
Buffet apéritifs et desserts

[Boulangerie - Pâtisserie]

**MARX**

*39 Grand'rue*
*68420 EGUISHEIM*
*Tél. 03 89 41 32 56*
*Fax 03 89 24 96 85*

**Ouvertures**

*Du mardi au dimanche de 7h à 12h30 et de 14h30 à 19h*

# [PARIS GENÈVE AUX FRAMBOISES]

## INGRÉDIENTS POUR 8 PERSONNES

génoise (moule à manqué de 24 cm de diamètre)
125 g de sucre
125 g de farine
4 oeufs
15 g de beurre (pour le moule)
Arôme : zeste de citron, vanille

**GARNITURE**
50 cl de crème fraîche liquide à 33% de matières grasses
50 g de sucre

500 à 600 g de framboises
250 g d'amandes effilées ou hachées
250 g de gelée de groseille + 25 g d'eau

## CONSEILS

Il est possible d'utiliser des fraises ou des fruits mélangés.
Avant de fourrer le gâteau avec la crème vous pouvez imbiber le biscuit avec du kirsch ou un autre alcool.
Commandez le fond de biscuit chez votre artisan boulanger.

## RECETTE

Génoise
Mettre les œufs, le sucre dans un saladier et fouetter au bain-marie jusqu'à ce que le mélange soit tiède
Enlever le saladier du bain-marie et continuer à battre jusqu'à refroidissement.
Ajouter l'arôme dans le mélange blanchi et complètement refroidi.
Incorporer la farine tamisée et mélanger le tout délicatement.
Verser dans le moule beurré et fariné.
Cuire à 180°/200°C pendant 25 à 30 minutes.
Démouler à la sortie du four et laisser refroidir.

**GARNITURE**

Battre la crème en Chantilly.

**RÉALISATION**

Couper la génoise en 2 disques de même épaisseur.
Fourrer avec la crème Chantilly.
Recouvrir légèrement les côtés et le dessus du biscuit avec la Chantilly.
Sur le dessus, poser les framboises l'une à côté de l'autre afin de couvrir toute la surface.
Napper les framboises avec la gelée de groseille préalablement bouillie avec l'eau.
Garnir les côtés de la génoise avec des amandes effilées.

# [Boulangerie Pâtisserie] Richard SCHNEIDER

Installé dans la vallée depuis 1972, dans un souci de qualité et d'hygiène et pour être plus fonctionnel, Richard SCHNEIDER s'installe, en 2002, dans de nouveaux locaux. Médaille d'argent du meilleur Kougelhopf d'Alsace et de la meilleure baguette, la qualité reste le maître mot de la maison.

Le samedi matin, des visites sont organisées pour ceux qui veulent découvrir la fabrication du pain.

[Boulangerie - Pâtisserie]

## SCHNEIDER

*12 Zone artisanale*
*68160 STE CROIX AUX MINES*
*Tél. 03 89 58 70 20*
*Fax 03 89 58 79 80*

**Ouvertures**

*Du lundi au samedi de 4h à 12h*

# [SAINT HONORÉ]

## Ingrédients pour 8 personnes

500 g de pâte feuilletée prête à l'emploi
1400 g de crème pâtissière

**SUCRE CUIT**
250 g de sucre
80 g eau

**PÂTE À CHOUX**
250 g d'eau
100 g de beurre
5 œufs
200 g de farine

**CHANTILLY**
50 cl de crème fraîche
50 g de sucre glace
40 g de kirsch
40 g de bigarreaux confits
2 feuilles de gélatine

## Recette

**LA VEILLE**
Faire macérer dans le Kirsch les bigarreaux confits coupés en petits morceaux.

**LA PÂTE À CHOUX**
Dans une casserole, mettre l'eau, le beurre, et porter le tout à ébullition (le beurre doit être totalement fondu ).
Ajouter la farine et mélanger sur le feu jusqu'à ce que la pâte se décolle des parois.
Retirer du feu et incorporer les œufs un à un en lissant la pâte à chaque fois.
Etaler un disque de feuilletage de 28 cm de diamètre et de 3 mm d'épaisseur.
Badigeonner le disque de feuilletage avec un œuf battu.
Dresser à l'aide d'une poche munie d'une douille cannelée une couronne de pâte à choux.
Sur une plaque à part, avec une douille ronde, dresser 16 petits choux.
Cuire dans un four à 220°C(th7) pendant 30 à 40 minutes, un peu moins pour les petits choux.
Stocker sur une grille à la sortie du four.

**LE JOUR MÊME**
Couper la couronne de pâte à choux horizontalement et fourrer-la avec la crème pâtissière.
Fourrer également les petits choux.
Mettre les 2 feuilles de gélatine dans de l'eau froide.
Dans 350 g de crème pâtissière réchauffée, ajouter la gélatine essorée et les bigarreaux macérés.
Monter la crème en Chantilly et incorporer le sucre glace.
Mélanger délicatement la moitié de la crème Chantilly à la crème pâtissière et verser le tout dans le fond du Saint-honoré.
Dans une casserole, cuire à feu doux le sucre et l'eau jusqu'à l'obtention d'un caramel d'une couleur blonde.
Tremper les choux la tête en bas dans le sucre cuit  et les déposer sur une plaque huilée.
Retourner les petits choux, les retremper dans le sucre et les coller sur la couronne.
Dresser le reste de Chantilly sur toute la surface avec une douille cannelée.

# [Maison Ferber]
# Christine FERBER

Le village de Niedermorschwihr est niché au coeur du vignoble alsacien. Ses oriels du XVIè siècle et son clocher vrillé sont uniques en Alsace. C'est à partir de 1959 que Maurice Ferber ouvre la boulangerie du village. En 1965, il crée le kougelhopf glacé. Aujourd'hui, les traditions sont encore bien respectées.
Pains d'épices, kougelhopfs, bredalas, pâtés en croûte, berawekas parfument toujours la boutique de même que les confitures, chocolats et gâteaux.

## Spécialités

Kougelhopfs
Bredalas au beurre fin
Pains d'épices
Chocolats
Confitures
Gâteaux - Glaces

[Boulangerie - Pâtisserie]
**MAISON FERBER**
*18, rue des Trois Epis*
*68230 Niedermorschwihr*
*Tél. 03 89 27 05 69*
*Fax 03 89 27 48 03*

### Ouvertures
*Du mardi au vendredi de 7h à 12h30*
*et de 14h à 18h30*
*Samedi de 7h à 18h en continu*
*Dimanche de 9h à 13h*
*Lundi : jour de fermeture*

# [TARTE AU CHOCOLAT, AUX PÊCHES BLANCHES ET AUX FRAMBOISES DU JARDIN]

## INGRÉDIENTS POUR UN MOULE À TARTE DE 26 CM DE DIAMÈTRE

**PÂTE SABLÉE**
160 g de farine de blé
65 g de sucre glace
100 g de beurre tempéré
40 g d'œuf (un petit)
20 g de noisettes râpées
15 g de pralin
1 pincée de sel

**GANACHE AU THÉ**
15 cl de lait
45 g de beurre
160 g de chocolat au lait Jivara
45 g de chocolat à 66% de pâte de cacao
15 g de thé au jasmin

**INGRÉDIENTS POUR LA TARTE**
3 pêches blanches
1 jus de citron
1 œuf pour la dorure
200 g de framboises du jardin pour la décoration

## RECETTE

**LA VEILLE : LA PÂTE SABLÉE**
Tamiser la farine sur votre plan de travail, creuser un puits et répartir le sel et les noisettes râpées sur le rebord. Déposer le beurre, le sucre glace et le pralin au centre et les mélanger jusqu'à l'obtention d'une pâte onctueuse.
Ramener la farine au centre et mélanger entre les mains pour obtenir une texture sableuse.
Former un nouveau puits. Battre l'œuf dans un bol et le verser. Pétrir doucement la pâte.
La rouler en boule, l'emballer soigneusement dans un film alimentaire et la conserver au réfrigérateur.

**LE JOUR MÊME : LA GANACHE**
Râper finement les deux chocolats dans une terrine.
Dans une casserole, porter le lait à ébullition. Le verser sur le thé et laisser infuser 3 minutes.
Filtrer et remettre à ébullition. Verser l'infusion sur les chocolats râpés et mélanger délicatement avec un fouet. Ajouter le beurre coupé en très petits dés et mélanger. Réserver à température ambiante.
Préparation des pêches :
Les plonger une minute dans l'eau bouillante puis les rafraîchir dans un bain d'eau fraîche. Les peler et les détailler en petits dés. Les napper d'un jus de citron.

**RÉALISATION**
Etaler la pâte sur une table de travail farinée.
Beurrer le moule et y disposer la pâte. Presser du bout des doigts sur le fond et les côtés.
Enlever l'excédent de pâte, piquer le fond de tarte à la fourchette et le placer au frais pendant 30 minutes.
Le cuire pendant 5 minutes dans un four préchauffé à 180°C (th6).
Puis à l'aide d'un pinceau, badigeonner la pâte d'un œuf battu et poursuivre la cuisson pendant 8 minutes. Démouler le fond de tarte sur une grille et le mettre à refroidir.
Terminer votre tarte en versant dans le fond le tiers de la ganache.
Disposer les dés de pêches et recouvrir du reste de ganache.
Décorer la tarte de framboises fraîches.

# [Boulangerie Pâtisserie] Jean-Marie WALTER

La belle ville de Benfeld est célèbre pour son Hôtel de Ville appelé le «Stubenhansel» (le jacquemart)» construit en 1531 sans oublier son hôpital édifié en 1625.
Entre les deux, accolée au fournil municipal, la boulangerie WALTER (4ème génération de boulanger en ces lieux) vous régalera de ces pains spéciaux et ses spécialités sucrées salées.
Exposition de pièces artistiques, promotion, achats gagnants, nouveautés... émailleront vos visites tout au long de l'année.

## Spécialités

Pain ALSEPI : pain blanc de tradition artisanale, pain de terroir certifié origine Alsace
Sucrées, salées
les spécialités alsaciennes

[Boulangerie - Pâtisserie]
**WALTER**
*2 rue de l'Hôpital*
*67230 BENFELD*
*Tél. 03 88 74 44 31*

**Ouvertures**

*Du lundi au vendredi de 5h30 à 12h15 et de 15h à 18h30*
*Mercredi de 5h30 à 12h15*
*Samedi de 5h30 à 16h*

# [TARTE GRAND-MÈRE AUX POMMES]

## INGRÉDIENTS POUR 4 À 6 PERSONNES

**POUR LA PÂTE**
100 g de sucre semoule
200 g de beurre (+10 g)
300 g de farine pâtissière
2 jaunes d'oeuf
un zeste et demi de citron râpé

**GARNITURE**
4 cuillères à soupe de crème de marrons
500 g de pommes
50 g de noisettes concassées

**FLAN**
1 œuf
75 g de sucre semoule
10 g de farine

## RECETTE

**LA PÂTE**
Dans un saladier, verser le sucre, le beurre coupé en dés, la farine.
Ajouter le jaune d'œuf et le zeste de citron.
Mélanger du bout des doigts.

**LE FLAN**
Mélanger tous les ingrédients à l'aide d'un fouet.

**RÉALISATION**

Laver, essuyer et éplucher les pommes. Les épépiner et les couper en quartier.
Etaler la pâte au rouleau et la disposer dans le moule préalablement beurré. ( Réserver une petite partie pour le dessus).
Piquer le fond à la fourchette.

Etaler la crème de marrons sur le fond de tarte.
Poser sur la crème de marrons les quartiers de pommes et répartir les noisettes concassées.
Etaler le reste de pâte, la couper en lamelles avec une roulette cannelée et les disposer en forme de losange.
Ajouter le flan.
Cuire au four à 180°C (th.6) pendant 45 minutes.

# [Boulangerie Pâtisserie] HERTZOG

Créée en 1958, cette affaire familiale par excellence met un point d'honneur à ne vendre que ce qu'elle fabrique de A à Z à partir de produits de base sélectionnés.
La créativité caractérise la boulangerie, traqueuse de nouveautés mais aussi soucieuse de réapprendre l'utilisation des herbes «folles de nos champs et jardins».
Ouverture et dynamisme sont les maîtres mots qui guide cette maison dont la production va de la boulangerie à la pâtisserie, la confiserie, le chocolat et le rayon traiteur.
Baguette d'or en 2005.

## SPÉCIALITÉS

Fromentine, Pavé du Ried
Tourte de seigle
Gâteau aux carottes
Sablé aux fleurs de sureau
Pâté vigneron
Pain à l'ail des ours

[Boulangerie - Pâtisserie]
**HERTZOG**
*28 rue de Colmar*
*68320 MUNTZENHEIM*
*Tél. 03 89 47 40 91*
*Fax 03 89 47 41 45*
*hertzog.fr*

**Ouvertures**
*Du lundi au vendredi de 6h15 à 12h30 et de 14h à 19h*
*Samedi de 6h15 à 17h*
*Mardi de 18h à 20h tartes flambées et pizzas à emporter cuites devant vous au four chauffé au bois*

*12 rue de Colmar*
*68150 OSTHEIM*
*Tél. 03 89 47 89 05*

**Ouvertures**
*Du lundi au samedi 6h30 à 12h30*

# [TARTE AUX FRUITS ROUGES STREUSEL CHOCOLAT ET POIVRE NOIR]

## INGRÉDIENTS POUR 8 PERSONNES OU POUR UN MOULE À TARTE DE 28 CM

**PÂTE BRISÉE**
350 g de farine
175 g de beurre
5 g de sel
75 g d'eau

**STREUSEL**
50 g de farine
80 g de beurre
100 g de sucre
50 g de cacao

**FLAN**
200 g d'œufs
150 g de crème
150 de sucre

**GARNITURE DE FRUITS**
800 g mélange fruits rouges (myrtilles, framboises, groseilles, fraises, griottes)
Poivre noir

## RECETTE

**LA PÂTE BRISÉE**
Sabler la farine et le beurre.
Faire fondre le sel dans l'eau.
Verser l'eau sur la farine et pétrir.

**LE STREUSEL CHOCOLAT**
Préparer le streusel au chocolat en sablant tous les ingrédients à la main sans trop malaxer.

**LE FLAN**
Préparer le flan en mélangeant les ingrédients à l'aide d'un fouet.

**RÉALISATION**
Chemiser votre moule avec la pâte brisée, la précuire en la lestant de noyaux de cerises.
Répartir les fruits rouges sur le fond de tarte précuit.
Ajouter le flan et le Streusel au chocolat
Pour sublimer le goût, poivrer de 5 tours de moulin.
Cuire au four à 200°C pendant 30 à 40 minutes

## CONSEILS

Saupoudrer les bords de sucre glace après refroidissement.
Cette tarte se conserve 2 jours.

# [PETITS FOURS]

# [Boulangerie Pâtisserie LÉON] Jean Léon KRETZ

Créée en 2003, la boulangerie - pâtisserie LEON a connu une belle réussite.
Fête du pain, portes ouvertes, festival des pains spéciaux et diversité de pâtisseries, chocolats et du rayon traiteur ne manquent pas pour faire connaître les produits artisanaux.
A noter la cuisson continue au four à bois visible du magasin toute la journée.
Un savoir-faire couronné par le Kougelhopf d'Or en 1998 et la Galette d'Argent en 2004.

## Spécialités

Pains au lard, noix, fromage
Langhopf
Crémantaise

[Boulangerie - Pâtisserie]
**LEON**
*36 rue du Ladhof*
*68000 COLMAR*
*Tél. 03 89 41 33 42*

**Ouvertures**
*Du lundi au vendredi de 5h à 19h*
*Samedi de 5h à 16h*

# [MOELLEUX AU CHOCOLAT]

## INGRÉDIENTS

**RECETTE MOELLEUX**
150 g beurre
150 g sucre glace
3 jaunes d'œufs
3 blancs d'œufs
150 g chocolat râpé
150 g farine
1 cuillère à café de levure chimique
100 g de noix râpées

**GLAÇAGE**
80 g sucre glace
1 cuillérée à soupe de Kirsch

## RECETTE

Battre en mousse le beurre et le sucre.
Ajouter les jaunes d'oeufs et le chocolat.
Incorporer le mélange farine tamisée, levure et noix.
Battre les blancs en neige et les incorporer délicatement.
Verser la pâte sur une plaque recouverte de papier cuisson et faire cuire 25 minutes à four moyen 180°C (Th6).
Diluer le sucre glace avec le kirsch et un peu d'eau chaude.
Glacer à chaud dès la sortie du four.
Découper en carrés et laisser refroidir.

# [Boulangerie Pâtisserie] Rémy UTZINGER

Le cœur de Habsheim abrite cette boulangerie où l'on aime faire le pain au levain ou à l'ancienne. La carte est fournie avec des spécialités pâtissières comme les babas et les entremets qui mêlent rhubarbe, fraises, pistaches et abricots. On y trouve aussi de nombreuses recettes alsaciennes comme le Langhopf et le Kouglehopf et des produits traiteur à base de viandes et de poissons.

## Spécialités

Langhopf et Crémentaise
Tourte aux coquilles St-Jacques
Cœur de velours

[Boulangerie - Pâtisserie]
**UTZINGER**
*86 rue Général de Gaulle*
*68440 HABSHEIM*
*Tél. et fax 03 89 64 42 69*


**Ouvertures**
*Du lundi au vendredi de 6h30 à 12h30*
*et de 15h à 18h45*
*Samedi de 6h30 à 17h*

# [LECKERLIS DE BÂLE]

## INGRÉDIENTS POUR 6 PERSONNES

250 g de miel
75 g de sucre
125 g d'amandes en poudre
125 g d'amandes entières grossièrement hachées et grillées préalablement au four
75 g d'oranges ou de citrons confits coupés en dés
15 g de cannelle
5 g d'épices pour pain d'épices
10 g de carbonate d'ammonium
20 g de lait
250 g de farine

**AUTRE INGRÉDIENT**
150 g de fondant

## RECETTE

Faire chauffer à 45-50°C 250 g de miel et y ajouter le sucre.
Laisser refroidir à une température de 30 à 35°C.
Mélanger le lait avec le carbonate (le carbonate d'ammonium peut s'acheter en pharmacie).
Mettre tous les ingrédients dans un bol et faire une pâte avec l'ensemble des produits.
Réserver au réfrigérateur pendant 12 heures minimum.
Etaler la pâte à une épaisseur de 1 cm.
Poser une feuille de cuisson sur une plaque et y déposer la pâte aux dimension de celle-ci.
Cuire à 180°C (Th. 6) 12 minutes environ. La pâte doit rester molle après cuisson.
Faire fondre sur le feu le fondant et l'étaler sur la pâte encore chaude.
Laisser refroidir puis découper des rectangles de 4cm sur 2cm.

## CONSEILS

Conserver les Leckerlis après refroidissement dans une boîte hermétique.

# [Boulangerie Pâtisserie]
# Michel HELFTER

Maître boulanger, Michel HELFTER suit de près l'évolution de la boulangerie.
Retenu pour la seconde fois pour la sélection nationale de la Coupe du Monde de Boulangerie, Michel aime relever les défis.
Après avoir moderniser son fournil puis son magasin, ses objectifs sont multiples : le premier est de pérenniser l'entreprise tout en en optimisant la qualité de ses produits, le second est de progresser, en effectuant des stages de formation.

## Spécialités

Ecossais
Quiche du Ried
Pain au cidre, pain au vin rouge

**[Boulangerie - Pâtisserie]**

**HELFTER**

*17 rue de l'Hôtel de Ville*
*67680 RHINAU*
*Tél. 03 88 74 63 93*


**Ouvertures**

*Du lundi au mardi et du jeudi au vendredi de 5h à 12h30 et de 15h à 18h30*
*Mercredi de 5h à 12h30*
*Samedi de 5h à 14h*

# [CAKE AU CITRON]

## Ingrédients pour un moule de 20 à 22 cm

**RECETTE DU CAKE**
160 g de beurre
160 de sucre semoule
160 g d'œufs
250 g de farine
7 g de levure chimique
2 zestes de citron

**SIROP DE CITRON**
75 g de jus de citron
125 g d'eau
60 g de sucre semoule
Rhum St James

**AUTRE INGRÉDIENT**
Marmelade de citron
Beurre pour le moule

## Recette

Mélanger le beurre et le sucre semoule et incorporer les œufs progressivement.
Tamiser la farine et la levure chimique.
Incorporer la farine et les zestes de citron.
Beurrer généreusement le moule.
Chemiser le avec du papier sulfurisé au trois quart de sa hauteur.
Garnir le fond du moule avec 1 cm de masse à cake.
A l'aide d'une poche, dresser la marmelade de citron sur la masse à cake.
Recouvrir avec le reste de masse à cake.
Cuire dans un four à 160°C pendant 40 à 50 minutes.

Préparer le sirop :
Mettre tous les ingrédients dans une casserole et faire bouillir.

Après cuisson, laisser refroidir le cake et arroser de sirop de citron chaud.

Laisser refroidir et mettre au frais de préférence pendant une nuit.

**Conseils**
A servir à l'heure du thé

# [Boulangerie Pâtisserie]
# Nicolas OLLAND

Une passion de père en fils depuis 1935.
Un succès jamais démenti au vu de son palmarès, Nicolas OLLAND rafle les médailles depuis ces six dernières années : Médailles d'or et d'argent (2000, 2001, 2002, 2006) pour sa Galette feuilletée aux Amandes, Argent 2003 pour le Concours de la Baguette d'Or, Médaille d'or 2005 du Meilleur Croissant au Beurre.

## Spécialités

Grès des Vosges
Chocolats «Patinoire de Strasbourg»
Sainte Eve au Kirsch

[Boulangerie - Pâtisserie]
**OLLAND**
*34 route d'Oberhausbergen*
*67200 STRASBOURG*
*Tél. 03 88 27 00 32*
*Fax 03 88 28 50 82*

**Ouvertures**
*Du lundi au vendredi*
*Samedi de 4h à 19h*
*Dimanche: Fermé*

# [PENSÉES AUX AMANDES ET À LA NOIX DE COCO]

## INGRÉDIENTS

**RECETTE PÂTE SUCRÉE**
500 g farine
250 g sucre
250 g beurre
1 sachet de levure chimique
1 jaune d'œuf
1 œuf entier
1 sachet de sucre vanillé

**RECETTE APPAREIL À PENSÉES**
200 g beurre
2 œufs entiers
350 g sucre
125 g lait
150g noix de coco râpée
100 g amandes en poudre
150 g farine

**AUTRES INGRÉDIENTS**
sucre glace
eau
cerises confites

## RECETTE

**LA VEILLE**
Mélanger le beurre, le sucre et le sucre vanillé.
Ajouter l'œuf entier et le jaune d'œuf.
Incorporer la levure chimique et la farine.
Bien mélanger et laisser reposer au réfrigérateur.

**LE JOUR MÊME**
Etaler la pâte et foncer des petits moules ronds cannelés.
Préparer l'appareil à pensées :
Travailler le beurre au fouet, ajouter les œufs et le sucre.
Incorporer à l'aide d'une spatule la noix de coco râpée, les amandes, le lait et en dernier la farine.
Dresser cette masse dans les moules.
Cuire à 200°C pendant 20 minutes.
Préparer un glaçage à l'eau avec le sucre glace et l'eau.
Après cuisson, démouler, sucrer avec le glaçage et décorer d'une cerise confite ou avec une petite fleur en pâte d'amandes.

# [Boulangerie Pâtisserie]
# Claude HILLBRAND

Après 2 années de préapprentissage et 2 d'apprentissage,Claude HILLBRAND obtient son CAP et son Brevet de Compagnon en 1987 et fût 3° au concours du meilleur apprenti du Haut-Rhin la même année. C'est en 1996 qu'il a pris la succession de la Boulangerie-Pâtisserie familiale qui se trouve au coeur d'une des villes les plus touristiques d'Alsace grâce à la beauté de son site, son histoire et son authentique marché de Noël.
C'est en 1996 qu'il adhère à l'Union des Boulangers Artisans Créateurs (UBAC).
Tout son parcours professionnel a été effectué dans une seule et même entreprise, celle que je dirige actuellement, après avoir pris avec ma soeur, le flambeau de nos parents.

## Spécialités

Kougelhopf
Pavés de Kaysersberg
Petit pain au chocolat géant
Galette à l'orange
Cake marguerite (4/4 Sundgau)

**[Boulangerie - Pâtisserie]**
**HILLBRAND**
*84 rue du Général de Gaulle*
*68240 KAYSERSBERG*
*Tél. 03 89 78 23 60*


**Ouvertures**
*Du lundi au samedi*
*de 6h30 à 12h15 et de 14h30 à 18h30*
*sauf samedi 18h*
*Dimanche à partir de Pâques et jusqu'à fin août de 7h30 à 12h15 et de 14h30 à 18h*
*Jour de femreture le mercredi*

# [SPÉCULOOS]

## INGRÉDIENTS

500 g de farine (type 45)
200 g de sucre glace
50 g de sucre vanillé
250 g de beurre
80 g de jaune d'œufs (4 jaunes)
50 g de massepain (pâte d'amandes)
2 g de levure chimique (1 pointe de couteau)
5 g d'épices à spéculoos
quelques zestes de citron

**AUTRE INGRÉDIENT**
Lait

## RECETTE

Dans un récipient, battre le beurre en pommade avec le sucre glace et le sucre vanillé.
Dans un autre récipient ramollir et lisser le massepain avec les jaunes d'œufs.
Mélanger le beurre, le massepain et le zeste.
Tamiser la farine avec les épices et la levure chimique.
Incorporer ce mélange au reste de la masse pour obtenir une pâte.
Laisser reposer au froid pendant 12 heures.
Abaisser la pâte à une épaisseur de 3mm.
Découper les spéculoos à l'aide d'un emporte pièce ovale ou rectangulaire de 6cm sur 3cm.
Disposer sur une plaque beurrée.
Badigeonner de lait et marquer à l'aide d'une fourchette.
Cuire à 200°C pendant 10 minutes.

# [AUX DELICES DE LA VALLEE]
# Yves HEBINGER

Depuis 1984, Yves HEBINGER est installé à Luttenbach, village de 850 habitants situé dans la vallée de Munster.

Passionné par son métier, il sera un excellent conseiller pour toutes les occasions.

## SPÉCIALITÉS

Desserts glacés (glace maison)
Kougelhopfs sucrés, salés
Friands à la viande
Spécialités de Noël : Berawaecka, Stollen

[AUX DELICES DE LA VALLEE]
**HEBINGER**
*6 rue de la Mairie*
*68140 LUTTENBACH*
*Tél. 03 89 77 25 27*


**OUVERTURES**
*Du mardi au vendredi de 6H45 à 12h30 et de 15h à 18h45*
*Samedi de 6h45 à 12h30 et de 14h à 18h*
*Dimanche et jours fériés de 7h30 à 12h15*

# [PERTICUS]

## INGRÉDIENTS POUR 600 G DE PETITS FOURS

200 g de beurre
150 g de sucre fin
150 de noisettes entières moulues
25 g de blancs d'œufs
200 g de farine
cuillérée à café d'épices (cannelle et muscade)

**AUTRE INGRÉDIENT**
sucre glace

**CONSEILS**
Utiliser une douille cannelée N°16

## RECETTE

Battre le beurre, le sucre et les noisettes et faire mousser le mélange.

Ajouter les blancs d'œufs, les épices et incorporer la farine.

Dresser à l'aide d'une douille cannelée les petits perticus en forme de croissants sur une plaque préalablement graissée.

Cuire à 200°C/210°C pendant 10 à 15 minutes selon le four.

Saupoudrer de sucre glace à la sortie du four.

# [Boulangerie Pâtisserie] Freddy KAYSER

C'est au printemps 1986 que Freddy Kayser reprend l'entreprise familiale située à Morsbronn les Bains. Ce petit village alsacien est connu pour son passé historique (guerre de 1870) et sa station thermale. La boulangerie artisanale se dote aussitôt d'un salon de thé pour accueillir curistes et touristes en saison estivale.

En 1990, Freddy Kayser, passionné d'histoire locale élabore un pain original « Le Bürebrot 1870» qui devient vite un produit phare renommé dans la région.

En 2002, la boulangerie lance un nouveau défi en ouvrant un point de vente sur la D27, c'est le premier SERVICE AU VOLANT du Bas-Rhin.

## Spécialités

Bürebrot 1870
Petits fours et bredele : grand choix toute l'année

**[Boulangerie - Pâtisserie]**

**KAYSER**

*20 route de Haguenau*
*67360 MORSBRONN LES BAINS*
*Tél. 03 88 09 30 48*

**Ouvertures**

*Du lundi au vendredi*
*de 5h à 19h*
*Samedi de 5h à 16h*

# [TUILES À L'ORANGE]

### INGRÉDIENTS POUR 300 G DE PETITS FOURS

100 g de sucre semoule
40 g de farine
2 blancs d'œuf crus
60 g d'écorces d'oranges confites et finement hachées
30 g de beurre fondu

### RECETTE

A l'aide d'une spatule, mélanger le sucre et la farine.
Ensuite, incorporer le blanc d'œuf et les écorces d'oranges.
En dernier, verser délicatement le beurre fondu et froid.
Mettre sur les plaques beurrées et farinées à l'aide d'une cuillère à soupe.
Etaler légèrement avec le dos de la cuillère.
Cuire à 230°C et surveiller la cuisson.
Les tuiles doivent être d'une couleur blonde avec une auréole dorée d'1 cm sur le pourtour.
Dès la sortie du four décoller les tuiles à l'aide d'une palette et mettre à l'envers dans des gouttières à tuiles jusqu'à refroidissement.

### CONSEILS

A conserver à l'abris de l'humidité

# [Boulangerie Pâtisserie]
# HAEBERLÉ

C'est en passant dans la rue principale d'Ingersheim que votre regard sera attiré par la boulangerie HAEBERLE refaite à neuf et qui a rouvert depuis août 2005.

En y entrant une bonne odeur de pain cuit au four à bois viendra chatouiller vos narines; et pour les plus gourmands une grande gamme de chocolats, pâtisseries, sandwichs... vous attend.

## SPÉCIALITÉS

Pavé d'Ingersheim
Pain au levain
Sandwichs variés
Crémentaises
Langhopfs

### [Boulangerie - Pâtisserie]
### HAEBERLÉ

*58 rue de la République*
*68040 INGERSHEIM*
*Tél. 03 89 27 05 65*
*Fax 03 89 27 02 74*

**Ouvertures**
*Du lundi au vendredi de 6h à 12h30 et de 14h à 19h*
*Samedi de 6h à 16h*
*Dimanche: Fermé*

# [FRIANDISES DE L'ECUREUIL]

## INGRÉDIENTS

400 g de beurre
450 g de sucre glace
4 œufs
100 g lait
240 g de poudre de cacao
350 g de noisettes en poudre
350 g d'éclats de noisettes
460 g de farine
4 cuillérées à soupe d'extrait de café

## RECETTE

**LA VEILLE**

Faire griller les noisettes au four.
Battre et faire mousser le beurre avec le sucre glace.
Ajouter successivement les œufs.
Incorporer le mélange de poudre de cacao, de farine et de noisettes.
Ajouter ensuite le lait avec l'extrait de café.
Laisser reposer la pâte au réfrigérateur.

**LE JOUR MÊME**

Etaler la pâte sur une plaque de 60m sur 40 cm.
Cuire à 200°C pendant 15 à 20 minutes.
A la sortie du four découper des petits carrés de 2 à 3 cm.

**CONSEILS**

Ces petits fours seront très appréciés durant les fêtes de fin d'année accompagnés d'un verre de vin chaud

# [TRAITEUR]

# [Au vieux fournil]
# Jean-marie JOERGER

Jean-Marie JOERGER obtient son brevet de compagnon en 1971 puis son brevet de maîtrise en 1977.
Maître Pâtissier au «Péché Mignon» de Geispolsheim jusqu'en 2000.
Depuis 2001, il nous donne le meilleur de son savoir-faire dans sa propre entreprise «Au Vieux Fournil».L'entreprise est une boulangerie itinérante de la région de Strasbourg.
Elle vous propose son pain et ses spécialités sur les marchés

## Spécialités

Pâté en croûte
Tarte aux fraises sur fond meringué

## [Boulangerie - Pâtisserie]
## AU VIEUX FOURNIL

*9, rue de la Porte Basse*
*67118 Geispolsheim*
*Tél. 03 88 68 61 48*
*Fax 03 88 59 95 56*

### Marchés
*MARDI*
*Boulevard de la Marne*
*MERCREDI*
*Brumath et Illkirch*
*JEUDI*
*Obernai et Roethig (Montagne Verte)*
*VENDREDI*
*Faubourg National, Bischheim*
*à midi Ostwald (Wihrel)*
*SAMEDI*
*Illkirch et Boulevard de la Marne*

### Ouvertures
*de 6h30 à 13h*

# TERRINE DE VOLAILLE

## INGRÉDIENTS

**FARCE**
1 cuisse de canard (300g environ)
150 g de filet de dinde
150 g d'escalope de poulet
5 cl de crème
5 cl de blanc d'œuf
5 g de poivre vert
15 g de pistaches
80 g champignons (mélange forestier)
Sel épicé (100 g de sel fin, 20 g de sucre, 6 g de 4 épices)
Poivre

**GELÉE**
1l d'eau,
100 g de gelée en poudre maggi

### CONSEILS
A déguster sur une assiette froide, avec des toasts ou lors d'un buffet campagnard.

## RECETTE

**LA VEILLE**
Couper en lanières très fines 1/5 ème de la viande de dinde et de poulet.
Saler les viandes et réserver au froid.

**LE JOUR MÊME**
Passer la cuisse de canard au hachoir assez gros.
Mixer au cutter les 4/5 de viande de dinde et de poulet.
Ajouter la crème et le blanc d'œuf jusqu'à l'obtention d'une masse homogène.
Mettre dans une cuve de batteur et mélanger le tout (canard/poulet/dinde) en ajoutant la pistache, le poivre vert et les champignons.
Incorporer les lanières de dinde et de poulet et mélanger délicatement.
Mettre en barquette 200g de farce et enfourner au bain-marie à 180°C pendant 40 minutes.
Préparer la gelée.
Après refroidissement, démouler et nettoyer la barquette.
Verser un peu de gelée, laisser figer, poser la terrine dans la barquette et la recouvrir entièrement avec la gelée.
Réservez au froid.

# [Maison HORN]
# Benoît HORN

C'est en 1895 que le Eugène HORN reprit cette boulangerie à Soultz après sa période de compagnonnage.

Transmis de génération en génération, le savoir-faire demeure intact et se perpétue également dans la deuxième boulangerie ouverte à Guebwiller en 1995. La famille Horn continue à vous proposer le meilleur de la tradition boulangère avec plus d'un siècle d'expérience !

## Spécialités

Une large gamme de produits pur beurre
Pains biologiques certifiés
Viennoiseries et kougelhopfs biologiques certifiés

## [Boulangerie - Pâtisserie]
## MAISON HORN

*48 Rue de Lattre*
*68360 SOULTZ*
*Tél. 03 89 76 99 69*

**Ouvertures**
*du lundi au vendredi*
*de 7h à 12h15 et de 14h30 à 19h*
*Samedi de 7h à 17h*

*10 rue Théodore Deck*
*68500 GUEBWILLER*
*Tél. 03 89 76 04 86*

**Ouvertures**
*du lundi au vendredi*
*de 6h à 12h et de 15h à 18h30*
*Samedi de 6h à 12h15*

# [CAKE AU SAUMON ET A L'ANETH]

## INGRÉDIENTS POUR UN CAKE DE 25 CM

250 g de saumon frais,
1 noix de beurre,
200 g de farine,
5 g de levure chimique,
200 g d'œufs,
100 g d'huile,
100 g de vin blanc sec,
50 g de gruyère râpé,
30 g de parmesan râpé
1 bouquet d'aneth,
Sel et poivre.

## RECETTE

Couper le saumon en dés et le faire revenir dans une poêle avec la noix de beurre pendant quelques minutes.
Tamiser la farine avec la levure.
Battre les œufs et ajouter le vin blanc et l'huile.
Saler et poivrer selon les goûts.
Mélanger successivement les ingrédients en commençant par la farine, les œufs, les fromages, le saumon et l'aneth ciselé.
Mettre la pâte dans un moule à cake généreusement beurré et fariné.
Cuire à 180° pendant 40 minutes.

### CONSEILS

Se déguste coupé en fines tranches et servi en apéritif accompagné d'un vin blanc d'Alsace.

# [Meilleur Ouvrier de France Boulanger]

## Jean-Claude ILTIS

C'est à l'âge de 14 ans, lors d'un «job d'été» chez le boulanger du village, que naît sa passion pour ce métier.
Après 3 ans passés en apprentissage à Ribeauvillé, conforté dans son choix, il part dans le midi de la France à Peymeinade pour parfaire ses connaissances.
De retour en Alsace en 1974, il exerce dans plusieurs boulangeries de la région.
En 1982, il a l'opportunité de transmettre son savoir en enseignant au Centre de Formation des Apprentis en les préparant au C.A.P. et B.P. Depuis peu, il anime également des cours du soir pour adultes. Pris dans une spirale sans fin, toujours à l'affût de nouveautés de qualité, sa passion n'a fait que grandir pour se concrétiser en 2000 par le titre suprême.

### Spécialités

Pains au levain,
Fougasses,
Kougelhopf salé farci,
Petits fours de Noël

[Boulanger- Pâtissier]
**JEAN-CLAUDE ILTIS**
*31 rue du Stade*
*68230 WIHR EN VAL*
*Tél. 03 89 71 01 81*

Trophée Jean Cabut en 1998
Meilleur ouvrier de France
Formateur au CFA Marcel Rudloff à Colmar
Président de l'UBAC
Membre de la Confrérie des Talmeniers du Bon Pain

# [PAIN MOSAIQUE]

## INGRÉDIENTS POUR 3 PAINS MOSAÏQUE

**PAIN DE MIE**
500 g de farine T55
300 g de lait
10 g de sel
20 g de sucre
50 g de beurre
20 g de levure

## INGRÉDIENTS POUR LE FOURRAGE

150 g de beurre
10 g de sel
**RECETTE N°1:**
150 g de jambon coupé en dés
100 g de salami coupé en dés
100 g de cornichons coupés en dés
1 cuillère à café de moutarde à mélanger avec la mie et le beurre
**RECETTE N°2**
Une boîte de thon (150g)
2 œufs durs coupés en dés

## RECETTE

**LA VEILLE**
Pétrir tous les ingrédients jusqu'à ce que la pâte se décolle du fond du récipient.
Couvrir la pâte et laisser-la reposer 30 à 45 minutes.
Peser 3 pâtons de 300 g et les façonner en long.
Disposer les pâtons dans des moules à pain de mie ronds préalablement graissés.
Laisser reposer pendant 45 minutes.
Cuire à 200° pendant 25 à 30 minutes.

**LE JOUR MÊME**
Couper les deux extrémités du pain.
Creuser et sortir la mie.
Mixer la mie de pain avec 150 g de beurre en pommade et 10 g de sel.
Ajouter délicatement à la spatule les ingrédients choisis de la recette 1 ou 2.
Mettre la farce dans le pain et bien serrer.
Stocker le pain de mie reconstitué au réfrigérateur et le couper en tranches lorsqu'il est bien froid.

## CONSEILS

Le pain mosaïque peut se servir en apéritif ou fait office d'entrée froide.
Vous pouvez acheter le pain de mie rond chez votre boulanger.

# [Boulangerie Pâtisserie]
# Materne HAUK

Installé depuis 1989 à Reichstett après obtention de son CAP, Brevet de Compagnon et Brevet de Maitrise, Materne HAUK a mis son savoir-faire au service de sa profession en temps que membre de la Chambre des Métiers d'Alsace et CET du Bas-Rhin.
Il est aussi président-adjoint de la Fédération des Boulangers du Bas-Rhin.

Depuis mars 2006, il a ouvert une seconde boulangerie- pâtisserie.

## Spécialités

Pain alsépi, pain certifié Alsace
Pâtisserie fine et personnalisée
Tourtes, canapés, pains surprise, brioches garnies...

**[Boulangerie - Pâtisserie]**
**HAUK**
*16b rue du Canal*
*67116 REICHSTETT*
*Tél. 03 88 20 13 53 – Fax 03 88 18 10 04*


**Ouvertures**
*Du lundi au vendredi*
*de 5h30 à 12h50 et de 15h à 19h*


*3, Place Dr Albert Schweitzer*
*Centre commercial « Le Ried»*
*67 800 HOENHEIM*
*Tél. 03 88 83 11 00*


**Ouvertures**
*Du lundi au vendredi*
*de 7h à 12h30 et de 14h à 19h*
*Samedi de 7h à 14h*

# [TOURTE DE NOËL]

## INGRÉDIENTS POUR 6 PERSONNES

400 g de blancs de poulet émincés
200 g de hachis de veau
3 belles échalotes
12 g de sel
40 g de vin blanc (Riesling)
20 g de porto
1 pincée de poivre
1 pincée de muscade
1 pincée de persil
10 g de morilles déshydratées
100 g de foie gras

500 g de pâte feuilletée

1 œuf battu

## CONSEILS

Cette tourte de Noël se déguste accompagné d'une salade verte et d'un verre de vin d'Alsace (Tokay).

## RECETTE

**LA VEILLE**
Mariner les viandes dans le vin blanc, le porto, les échalotes hachées, le sel, le poivre, la muscade et le persil.

**LE JOUR MÊME**
Tremper les morilles dans 1 litre d'eau et laisser les gonfler.
Couper la pâte feuilletée en deux morceaux et étaler le fond et le couvercle.
Beurrer un moule à tourte.
Foncer le moule avec la première abaisse de pâte et dorer de pourtour.
Garnir avec la viande marinée.
Couper le foie gras en petits dés et les répartir sur la viande.
Egoutter les morilles, les hacher et les parsemer sur le tout.
Recouvrir avec la deuxième abaisse de pâte et dorer à l'œuf.
Faire une cheminée au milieu de la tourte pour éviter que la pâte n'éclate en cours de cuisson.
Décorer le couvercle de la tourte en striant la pâte au couteau.
Cuire à 220°C pendant 40 minutes.

# [Boulangerie Pâtisserie] Michel GRENACKER

Créée à Dessenheim par Jean-Michel GRENACKER en 1892, la Boulangerie – Pâtisserie est exploitée de père en fils depuis quatre générations. Au fil des ans elle a pris de l'ampleur pour rayonner désormais sur toute la Hardt.

Depuis 1990 Sylvie et Michel en tiennent les rênes. Kougelhopf d'or en 2000 et 2003, Baguette d'argent en 2000, jour après jour, ils s'efforcent de donner le meilleur d'eux-mêmes avec l'appui de leurs collaborateurs.

Une fête de famille, un anniversaire, une réception, un mariage..., ils se feront un plaisir de vous satisfaire.

## Spécialités

Pain de campagne
Kougelhopf
Mirabellier
Forêt-noire
Pains surprise

[Boulangerie - Pâtisserie]

**GRENACKER**

*13 Grand'rue*
*68600 DESSENHEIM*
*Tél. 03 89 72 53 26 – Fax 03 89 72 15 26*

*48 rue de la Libération*
*68740 FESSENHEIM*
*Tél. 03 89 48 60 06*

# [TARTE DU SOLEIL]

## INGRÉDIENTS POUR 6 À 8 PERSONNES

**PÂTE BRISÉE :**
300g farine,
180g beurre
5g de sel,
80g d'eau,
1 oeuf,
1 pincée de sucre

**GARNITURE :**
120g moutarde,
150g gruyère,
150g jambon,
3 tomates,
Herbes de Provence

**FLAN :**
20g farine,
4 oeufs,
25cl de lait,
25cl de crème fluide,
Poivre, sel, muscade

## RECETTE

**PÂTE BRISÉE** (à réaliser de préférence la veille)
Mélanger la farine, le beurre, le sucre et le sel,
Ajouter l'eau et l'œuf,
Pétrir la pâte sans trop la travailler,
Réserver au froid,
Foncer un moule à tarte de 25cm de diamètre

**GARNITURE**
Etaler la moutarde sur le fond, la recouvrir de gruyère coupé en lamelle, ajouter le jambon et terminer par les tomates coupées en rondelles.
Parsemer d'herbes de Provence.

**FLAN**
Mélanger la farine et les œufs.
Ajouter la crème et le lait.
Assaisonner selon votre goût avec le sel, le poivre et la muscade.
Verser sur la garniture.

Cuire à 180°C (Th6) pendant 30 minutes.

# [Boulangerie Pâtisserie]
# Mathieu DIEBOLD

Après l'obtention d'un bac général (Sciences économiques), en 1980, Mathieu DIEBOLD entre dans l'entreprise familiale créée en 1923 (3ème génération) pour préparer un CAP de boulanger en alternance avec l' INBP de Rouen.
Une fois ses diplômes obtenus, en 1988, il reprend l'entreprise.
Il ouvre en 1995 un deuxième point de vente en zone piétonne de Mulhouse, en 1999 un salon de thé à Richwiller, puis un autre point de vente en 2002 à Kingersheim.
Conjointement à ses activités, il devient membre de diverses commissions d'examens professionnels auprès de l'Académie de Strasbourg.
Il est l'un des membres fondateur de l'UBAC.
Depuis 2000, il est également membre du Club Prosper Montagné.

## Spécialités

Kougelhopf au beurre
Tresse amandes et noisettes
Traditionnel berawecka en saison
Maréchal : gâteau fondant au chocolat

## [Boulangerie - Pâtisserie]
## DIEBOLD

*9 Rue de Provence*
*68100 MULHOUSE*
*Tél. 03 89 44 52 45*
*Fax 03 89 44 71 32*

*63 rue du Dahlia*
*68260 KINGERSHEIM*
*Tél. 03 89 50 11 11*

*2a Place Charles de Gaulle*
*68120 RICHWILLER*
*Tél. 03 89 52 12 11*


**Ouvertures**

*Les magasins sont ouverts tous les jours (sauf jours fériés) de 6h45 à 18h*

# [GOUGÈRES AU FROMAGE]

## Ingrédients pour 60 pièces environ

250 g d'eau
125 g de beurre
150 g de farine
1 petite pincée de sucre
Sel, poivre, noix de muscade
6 œufs
100 g de fromage râpé
(Comté ou Emmental)

## Recette

Dans une casserole, mettre l'eau, le beurre, le sucre, les épices et porter le tout à ébullition (le beurre doit être totalement fondu ).
Ajouter la farine et mélanger sur le feu jusqu'à ce que la pâte se décolle des parois.
Retirer du feu et incorporer les œufs un à un en lissant la pâte à chaque fois.
Incorporer le fromage râpé et bien mélanger.

Préchauffer votre four à 190°C.

Sur une plaque beurrée, dresser de petites boules de pâte à l'aide d'une poche à douille ou à l'aide de deux petites cuillères.
Dorer et appuyer légèrement sur le dessus avec une fourchette.

Cuire pendant 15 à 20 minutes. Servir tiède.

## Conseils

Les gougères sont le parfait accompagnement d'une dégustation de vins blancs ou rouges.Elles ont la particularité de neutraliser le vin précédemment dégusté sans altérer d'aucune manière le palais.
Elles peuvent également être l'un des éléments d'un buffet apéritif.

# [Boulanger Pâtissier]
# Claude HAMMER

Apprenti boulanger de 1971 à 1974 à Weitbruch à la boulangerie Richard Himber, il obtient en 1982 son Brevet de maîtrise en Boulangerie et en 1985 en Pâtisserie.

Formateur en boulangerie – pâtisserie au CFA André Siegfried de Haguenau depuis 1988, il transmet sa passion du métier aux apprentis et exporte son savoir-faire lors de démonstrations en France, Suisse, Italie, République Tchèque.
Toujours à la recherche de nouvelles créations, il ne ménage pas son temps et sa peine pour renouveler l'art de la boulangerie et de la pâtisserie.

## [Boulanger- Pâtissier]
## HAMMER

Maître boulanger
Maître pâtissier
Titulaire de la Médaille de bronze de l'Enseignement Technologique

# QUICHE À LA TRUITE FUMÉE ET AU RAIFORT

## Ingrédients pour une quiche de 6-8 personnes

**PÂTE BRISÉE**
250 g de farine
200 g de beurre
5 g de sel
50 g d'œuf
50 g de lait

**FLAN À QUICHE**
100 g de lait
100 g de crème
2 œufs (100 g environ)
50 g de raifort
6 g de sel
10 g de ciboulette
Poivre

**GARNITURE**
180 g de filets de truite
50 g de tomates séchées coupées en petits morceaux

## Recette

**LA VEILLE DE PRÉFÉRENCE**
Sabler la farine et le beurre, faire une fontaine, ajouter le lait, l'œuf et le sel.
Mélanger rapidement sans trop travailler la pâte.
Réserver la au froid dans un film plastique.

**LE JOUR MÊME**
**PÂTE BRISÉE**
Etaler la pâte à 2,5 mm d'épaisseur, foncer le cercle ou le plat à tarte.
Mettre un papier sulfurisé dans le fond de pâte et remplir de farine ou de riz et précuire la pâte pendant 20 minutes à 200°C.
Retirer le papier cuisson avec la farine ou le riz dès la sortie du four.
**FLAN À QUICHE**
Mélanger le lait, la crème, les œufs, le raifort, le sel et le poivre au mixer.
Ajouter la ciboulette ciselée.
**GARNITURE**
Couper les filets de truite ainsi que les tomates en cubes.
Eparpiller les filets de truite et les tomates séchées sur le fond précuit.
Chauffer le flan dans une casserole à 50°C et verser le tout sur la quiche.
Cuire à 200° pendant 25 minutes.
Décorer avec des tomates cerise, des feuilles de salade et de la ciboulette.

# [Boulangerie Pâtisserie] Marcel SPITZ

L'affaire a été créée en 1936 par Marcel SPITZ, Maître-Boulanger.

Dans les années 50/60, la 2ème génération développe le salon de thé et une gamme de pâtisseries dont certains gâteaux régalent encore maintes papilles.

Depuis les années 1990, les interventions régulières de formateurs issus de l'institut national de la boulangerie - pâtisserie ont permis de redonner au pain ses lettres de noblesse. La baguette à l'ancienne illustre ce retour à des produits goûteux avec une mie crème, un alvéolage remarquable et une croûte fine et croustillante.

L'entreprise a obtenu le prix de la Baguette d'Argent en 2005.

## Spécialités

Pain à l'ancienne
Cuisson des baguettes jusqu'au soir
Cake et en particulier le 4/4 du Sundgau

**[Boulangerie - Pâtisserie]**
**SPITZ**
*6 Avenue Aristide Briand*
*68200 MULHOUSE*
*Tél. 03 89 42 30 04*
*Fax 03 89 59 13 05*


**Ouvertures**
*Du lundi au vendredi de 6h à 19h*
*Samedi de 6h à 18h en continu*

# [BÂTONNETS AU SEL OU SALZSTANGALA]

## INGRÉDIENTS POUR 30 PIÈCES

500 g de farine
50 g de levure de boulanger
10 g de sel fin
150 g de beurre
250 g d'eau
25 g de cumin

50 g de gros sel
50 g de cumin

1 œuf battu pour dorer

### CONSEILS

Les Salzstangala se servent à l'apéritif accompagnés d'une bière ou d'un verre de Gewurztraminer.

## RECETTE

Versez dans la cuve du batteur l'eau, la farine, le sel fin, le cumin et la levure.
Pétrir lentement jusqu'à ce que la masse s'amalgame.
Ajouter le beurre, laisser pétrir encore quelques minutes puis augmenter la vitesse jusqu'à ce que la pâte soit lisse.
Laisser reposer 20 minutes en la protégeant avec un film alimentaire.

Détailler en 30 parts d'environ 30 g.
Allonger chaque morceau de pâte en forme de bâtonnet.
Laisser lever une demi-heure environ.
Badigeonner d'œuf battu puis saupoudrer de gros sel et de cumin.

Cuire à 220°C durant 15 minutes environ.

## [Boulangerie Pâtisserie]
# HAUSHALTER

Reprise en 1998 par le couple HAUSHALTER, la boulangerie - pâtisserie est située au centre ville en face du Château des Rohan.

Grâce à une équipe forte de 30 personnes, l'établissement est ouvert 7 jours sur 7 et vous propose au déjeuner un plat du jour et en été une grande variété d'assiettes de crudités et de salades dans le cadre de son salon de thé et de sa terrasse ainsi qu'une riche gamme de desserts et coupes glacées.

Le bien manger est une expression de la vie! Offrez-vous un peu de temps pour découvrir cette pâtisserie.

### SPÉCIALITÉS

Pavés de Saverne,
Crottes de la Licorne
Bonbons chocolats,
Partenaire Walhrona pur beurre de cacao
Tarte aux noix et tarte d'automne

## [Boulangerie - Pâtisserie]
# HAUSHALTER

*66-68 Grand'rue*
*67700 SAVERNE*
*Tél. 03 88 91 13 30*
*Fax 03 88 71 87 96*

### Ouvertures

*7 jours sur 7*
*du lundi au vendredi de 7h à 19h*
*sans interruption*
*samedi de 7h à 18h sans interruption*
*dimanche de 7h à12h30 et de 13h30 à 18h*

# [QUICHE VÉGÉTARIENNE]

## INGRÉDIENTS POUR 8 PERSONNES

**GARNITURE**
2 échalotes
30 g d'huile d'olive
3 carottes
1 petite boule de céleri
2 petites courgettes
50 g de vin blanc (facultatif)
sel, poivre, coriandre moulue

**FLAN**
150 g de crème,
150 g de lait,
3 œufs

**PÂTE BRISÉE**
250 g de farine,
125 g de beurre,
5 g de sel,
100 g d'eau

### CONSEILS
Cette quiche est avantageusement accompagnée d'un Riesling Vieille Vigne.

## RECETTE

**PÂTE BRISÉE**
Sabler la farine, le beurre et le sel et ajouter l'eau.
Réservez la pâte au froid.

**FLAN**
Mélanger à l'aide d'un fouet la crème, le lait et les œufs.

**GARNITURE**
Dans une sauteuse, verser l'huile d'olive et faire revenir les échalotes hachées.
Ajouter les carottes coupées en julienne et les cuire pendant 5 minutes.
Rajouter le céleri et les courgettes coupés en julienne et faire revenir pendant 1 minute.
Ajouter les épices et le vin blanc et mettre au frais.

**RÉALISATION**
Foncer un plat à tarte de 28 cm avec la pâte brisée.
Disposer les légumes refroidis sur la pâte et verser le flan pour recouvrir les légumes.
Cuire à 180°C (Th 6) pendant 30 minutes.

Vous pouvez également gratiner la quiche avec du gruyère râpé.

# [Boulangerie Pâtisserie] Pierre ZIMMERMANN

Héritier d'une longue tradition de savoir-faire et de qualité, Pierre ZIMMERMANN a la passion du beau et du bon dans le sang. Trois générations de boulangers ont régalé avant lui les habitants du Kochersberg. Aujourd'hui, ce Maître boulanger et Maître pâtissier émérite fait rayonner son talent depuis le petit village de Schnersheim à travers l'Alsace et aux quatre coins du monde. Avec l'imagination et la passion qui le caractérisent, il est à l'origine de nombreuses créations qu'il partage avec ses pairs et dont le succès ne se dément pas.
De nombreux titres et récompenses ont d'ailleurs salué son parcours : Vainqueur de la Coupe du monde de Boulangerie (Paris 1996), Bretzel d'or en 2004.

## Spécialités

Petites Images d'Alsace à croquer (marque déposée)
Gâteau de l'Oncle Hansi
Struwwelpeter en chocolat
Bâtonnets à la bière d'Alsace

## [Boulangerie - Pâtisserie] ZIMMERMANN

*2 Impasse du Boulanger*
*67370 SCHNERSHEIM*
*Tél. 03 88 69 60 90*
*Fax 03 88 69 89 72*

**Ouvertures**
*Du lundi au vendredi de 6h30 à 17h30*
*sauf lundi et mercredi après-midi*
*le samedi de 6h30 à 14h*

*41 rue Principale*
*67370 WILLGOTTHEIM*
*Tél. 03 88 69 90 63*

**Ouvertures**
*Du lundi au samedi de 6h30 à 12h*

# PETITES BROCHETTES BOULANGÈRES

### INGRÉDIENTS POUR UNE DIZAINE DE BROCHETTES

**PÂTE VIENNOISE**
500 g de farine
25 g de sucre
10 g de sel
15 g de levure
250 g de lait
50 g de beurre

**À PRÉVOIR**
1 œuf pour la dorure
des bâtons à brochettes
du beurre
divers ingrédients pour fourrer (jambon, salami, fromage, saumon fumé, tomates cerise...)

### CONSEILS

On peut imaginer des brochettes sucrées pour les goûters des enfants avec de la confiture, de la pâte à tartiner et des fruits . . .

Il est possible de procéder de la même manière en commandant chez le boulanger de petites «malicettes» en pâte à bretzel.

### RECETTE

Tamiser la farine, ajouter le sucre et le sel.
Faire un puits et y verser le lait juste tiède puis diluer la levure dans le lait.
Incorporer ensuite progressivement la farine en pétrissant d'une seule main.
Avant que la pâte ne soit totalement homogène, ajouter le beurre fondu à peine tiède.
Pétrir quelques minutes jusqu'à obtention d'une pâte lisse et souple.
Couvrir d'un torchon et laisser reposer 1 heure près d'une source de chaleur; la pâte doit doubler de volume.
La diviser en six parts égales (140 g env.).
Façonner ces pâtons en long, un peu comme de petites baguettes (35 cm de long).
Les déposer sur une plaque légèrement graissée ou sur un papier cuisson et les laisser lever une deuxième fois, une heure environ, à l'abri des courants d'air.
Dorer ces pains à l'aide d'un pinceau, puis les cuire dans un four préchauffé à 200°C pendant 15 à 20 minutes.

Après refroidissement, couper les pains dans le sens de la longueur et les fourrer chacun avec une garniture différente.
Couper ensuite ces «sandwichs» en 10 tranches que l'on enfilera alternativement sur des bâtons à brochettes en y intercalant des tomates cerise, des olives dénoyautées, des petites pousse de mais...

# [IL ÉTAIT UNE FOIS LE PAIN]

Mon maître m'a composée de farines sélectionnées. Messieurs les meuniers me laissent un minimum de son pour le pain blanc, juste ce qu'il faut pour ma force et mon caractère.
Depuis de gros sacs, je suis transportée dans le pétrin. Ce vieux compagnon m'a fait danser avec le sel, l'eau, le levain de la veille, et mademoiselle la levure en petites doses.
Notre rythme est très lent ; je ne suis pas battue, je suis pétrie avec patience et amour.
Ce premier travail est fait vers 19h le soir.
Puis je suis couverte d'une toile de lin et là, seule, je commence à fermenter pendant que mon maître se repose.
Le peu de levure mis me sert juste à rassurer le boulanger pour une bonne fermentation.
C'est le levain qui m'aide à pousser, ainsi que la douceur qu'on m'a donnée avant.
Et c'est ainsi que je grossis ; je pousserais parfois bien les bords, surtout quand il fait chaud !
C'est vers 1h du matin, que le maître boulanger vient me voir.
Nous commençons le deuxième travail ensemble. Là, j'avertis déjà mon maître de l'hygrométrique dans l'air !
Il grogne un peu si je suis trop molle à travailler. Je suis prise alors par petites quantités, portée sur madame balance ( il faut bien dire madame, parce qu'elle est très sensible).
Puis j'arrive par petits morceaux au meilleur des moments : mon maître de ses mains, me transforme délicatement en pains, en baguettes, en miches.
Ses mains me font parfois un peu long, un peu plus rond. D'une autre partie, je passe d'un gros morceau de pâte en 30 petites boules : cette bouleuse du début du siècle qui fonctionne à la force des bras n'entonne pas même un grincement de travers. Cette dame me forme pour les fleurs, pains, boules, petits pains de table etc...
C'est sous un rouleau de pâtisserie que je passe, puis je suis baignée d'huile et recouverte d'un même morceau de pâte et détaillée en quatre parties.
Qui suis-je ? Un suweckla ou sübrot.
Puis formé, je lève sur une couche de lin sur étagère.
Je repose tranquillement à la température du fournil recouvert d'une toile de lin car je respire à l'air libre mais ne supporte pas les courants d'air.
JE SUIS VIVANTE !

Le troisième travail en commun est l'enfournement.
Je termine ma naissance dans un four à 250°C
Mon maître ne s'endort (presque) jamais ! Et là, pour le plaisir de celui qui m'a fait naître, je chuchote ma symphonie par mes petits craquements du matin, sur le tapis d'enfournement.
Comme il faut satisfaire tout le monde, je suis parfois clair, parfois bronzé.
Je n'arrive pas à maigrir. Mon poids est toujours de 250gr à 300gr pour la baguette, 400gr pour le pain. Par contre, je suis parfois déformé des mains de mes compagnons boulangers ou si le temps extérieur fait des caprices. J'y suis très sensible.
Le vendredi et samedi sont les jours où je suis fabriqué en grosses quantités
C'est ainsi que parfois je suis un peu en retard au magasin.
Pitié, n'en voulez pas à la vendeuse ! J'ai parfois besoin de plus de temps pour satisfaire votre bon goût.
Ma naissance, mes formes sont faites de mains, de plaisir et de patience.
Merci à vous, fidèles gourmets ; bienvenue aux nouveaux palais.
Encore un petit secret : si vous voulez être sur de me trouver, commandez-moi. Mon maître pourra me prévoir en quantité suffisante... et comme vous le savez, je suis excellent en conservation pour quelques jours !!

**LES BOULANGERS UBAC**

## [Notes personnelles]

**Conception graphique**
I.D.Créations

**Prises de vue**
Christophe HAMM

**Edition**
I.D.Edition
122, rue du Général de Gaulle
67560 Rosheim
tél. 03 88 34 22 00
fax 03 88 34 26 26
id.edition@wanadoo.fr
www.id-edition.com

Imprimé en CEE
ISBN : 2-915626-14-6
Dépot légal 4è trimestre 2006